大科学家的小故事

居里夫人

隋倩 编

苏州大学出版社
Soochow University Press

图书在版编目(CIP)数据

居里夫人/隋倩编. —苏州：苏州大学出版社，2012.6 (2014.9 重印)
(大科学家的小故事/王建成，吴文智主编)
ISBN 978-7-5672-0099-9

Ⅰ.①达… Ⅱ.①隋… Ⅲ.①居里夫人，M.(1867～1934)－生平事迹－青年读物②居里夫人，M.(1867～1934)－生平事迹－少年读物 Ⅳ.①K835.656.13

中国版本图书馆 CIP 数据核字(2012)第 102688 号

居里夫人 大科学家的小故事

编　　者　隋　倩
丛书策划　李寿春
责任编辑　刘一霖
装帧设计　刘　俊
出版发行　苏州大学出版社
地　　址　苏州市十梓街 1 号
邮　　编　215006
电　　话　0512-65225020　65222617(传真)
网　　址　http://www.sudapress.com
印　　刷　南通印刷总厂有限公司
开　　本　850 mm×1 168 mm　1/32　印张 6　字数 108 千
版　　次　2012 年 6 月第 1 版　2014 年 9 月第 3 次印刷
书　　号　ISBN 978-7-5672-0099-9
定　　价　12.00 元

序

勒格罗在法布尔的传记《敬畏生命》中写道:“每一个时代总是会有那么一些具有特殊才能的人们,以他们不朽的贡献在人类进步的过程中留下值得纪念的一笔。特别是那些在某些领域里开拓出新的境界的人们,更加值得我们怀念。对于他们这样的人杰,单单只是抱着一种敬仰的态度显然是不够的。如果能够将人们对他们的怀念虔诚地搜集起来,无疑可以对后世起到一种教育和楷模的作用。”

他们生活在不同的年代,奋斗在不同的科研领域,经历过成功的喜悦,也遭受过失败的痛苦,最终,他们的研究促进了人类社会的进步,赢得了历史的认可。因此,在后人的眼中,那些著名科学家往往是传奇般的英雄。他们总是废寝忘食地工作在远离人间烟火的实验室里,做事也是一板一眼,仿佛与风趣幽默沾不上边。

确实,科学是严谨的、深奥的,科学家是寂寞的,和科学家们打交道最多的也是实验室以及实验数据。他们性格不同,背景迥异,却无不具备细致入微的观察力,坚韧不拔的毅力,无比深邃的科学思想,可歌可泣的奉献精神。他们就像神探福尔摩斯一样,在大自然的蛛丝马迹中探寻人类未知的宇宙间的秘密。他们发明和发现的道路如同原始森林中的崎岖小径,一波三折,跌宕起伏,丰富多彩。从书中一个个生动的故事为我们破解了一位位科学巨人成功的奥秘。从这个意义上说,科学家的生活又是迷人的。

牛顿非常勤奋,他一生中的绝大部分时间是在实验室里度过的,他常通宵达旦地做实验,有时一连六个星期都在实验室工作,不分昼夜,直到把实验做完为止。

达尔文从小就喜欢花草树木、鸟雀虫鱼。上学以后,他仍然保持着对大自然的浓厚兴趣。他骑马、打猎、钓鱼、采集矿石、捕捉昆虫、钻进树林观察鸟类的习性。对达尔文来说,整个世界就是一个大问号,要探索、思考的事情实在太多了。

爱迪生从小就对很多事物感到好奇,喜欢亲自去试验,直到明白了其中的道理为止。长大以后,他就根据自己这方面的兴趣,一心一意从事研究和发明。他在新泽西州建立了一个实验室,一生的发明共计两千余种。

居里夫人的大半生都是清贫的，提取镭的艰苦过程是在简陋的条件下完成的。居里夫妇拒绝为他们的任何发现申请专利，为的是让每个人都能自由地利用他们的发现。

一个爱说废话却不用功的青年，整天缠着爱因斯坦，要他公开成功的秘诀。爱因斯坦写了一个公式给他：

$$A = x + y + z$$

爱因斯坦解释道："A 代表成功，x 代表艰苦的劳动，y 代表正确的方法……""z 代表什么？"青年迫不及待地问。"代表少说废话。"爱因斯坦说。

这是一套引人入胜、让读者受益无穷的丛书，在轻松的故事叙述中阐释深刻的哲理，引导青少年步入科学殿堂。丛书不仅介绍了科学家的人格、所处的社会和时代、思想历程，还阐述了科学家的科学发现与技术发明的基本知识及其意义，引导青少年认识科学研究的过程、方法和基本原则。同时，考虑到丛书面向的是青少年读者群，编写者有意跳过那些深奥难懂的技术细节，在对这些大科学家别样人生的讲述中，注重诠释科学精神，展现大家风采，激励读者登攀。

目录 Contents

3 艰辛的探索

4 无尽的攀登

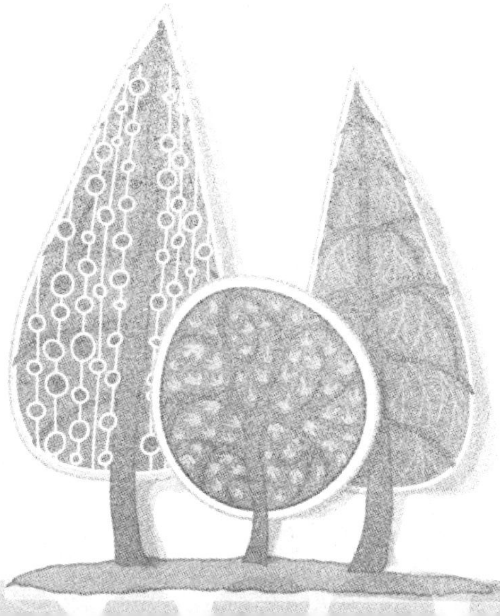

不幸的童年

- 祖国更重于生命,是我们的母亲,我们的土地。
- 我从来不曾有过幸运,将来也永远不指望幸运,我的最高原则是:不论对任何困难都决不屈服!

黑夜里不屈的光

对于波兰人民，这是一个黑暗的时代。每个人都真真切切、痛彻心扉地体验到了什么叫做“人为刀俎，我为鱼肉”。从1772年到1795年，弱小的波兰就如砧板上的鱼肉任人宰割，被强大的邻国们分三次瓜分殆尽。就这样，一个独立的国家、一个自豪的民族从此开始经历强权之下长达120余年的亡国之痛。

波兰人民也曾多次奋起反抗。学生、市民、农民们先后武装起来战斗，他们像英雄路易·纳尔布特那样高喊“为祖国牺牲是何等幸福”，然而，他们手中的锄头、镰刀和木棒最终还是敌不过沙皇军队的马枪。镇压血腥又残酷，绝不仅仅是几万义士战死沙场：决战之后的华沙城墙上竖起了5个绞架，起义首领们的尸体在冷风中摇摆；近万名身带锁链的起义志士被流放到遥远寒冷的西伯利亚；人们的土地和财产被没收；学生被强行编入军队服役；妇女被迫出家成为修女……经历了一次又一次的失败，波兰人民慢慢明白：武力复国的时机尚未成熟，现在唯有忍耐和等待。

然而，斗争不会停止！斗争还会异常激烈，也将更加屈辱，因为沙皇统治者绝不满足于国土上的占领，更要实施精神上的奴役，企图使顽强的波兰屈服。为了使波兰完全俄化，沙皇派出大批警察、教师、官吏去监视波兰人民，压迫他们的宗教，禁止可疑的报纸和书籍，逐渐废止使用波兰民族语言……总而言之，要去强行消灭一个民族的灵魂！于是，战场发生了转移，知识分子、学校教师、传道士、艺术家成为新的战场上斗争的英雄。他们的信念十分坚定：波兰不会成为历史，民族精神要在新的一代中顽强地传承下去！他们的使命就是要在重重压迫下带领民众，尤其是下一代，为波兰的自由与未来作灵魂上的不屈抗争！他们充满了勇气，这种勇气让他们强迫自己在耀武扬威的统治者面前作出言听计从的伪装，忍受一切屈辱，以求维持他们在学校、教会的重要位置，便于长期秘密地组织和教育青年，领导自己的同胞。乌拉狄斯拉夫·斯可罗多夫斯基先生和他的夫人就是其中的优秀成员。

斯可罗多夫斯基先生早年在圣彼得堡大学研究高深的科学，后来回到华沙教授中学数学和物理学。这位资深的教师给人的第一印象正如他教授的学科一样严肃又不失庄重：深色的衣服永远都是细心刷过的，做事的姿势总是规规矩矩，说话也总是蕴含着格言般的深刻意味。

斯可罗多夫斯夫人也是一位优秀的教师。她端庄又聪明，一头光滑的浓发编成发辫，弯弯的蛾眉，一双长而秀丽的灰色眼睛，眼神总是显得平和谨慎。她在学校中接受了良好的教育并毅然决定献身于教育事业。她留在母校任教后又成为这所中学的校长，并将这所招收寄宿生的女校办得有声有色，城里最好的人家纷纷将女儿送到这所学校来学习。

斯可罗多夫斯基夫妇有着人们羡慕的美满婚姻。这个教师家庭一直以学校为家，居住在斯可罗多夫斯卡夫人所管理的学校里。他们的房子在二楼，拥有一个朝向院子的精巧阳台。每天清晨，学校里的女孩子们总是能在阳台上看见校长优雅的身影。在这所房子里，斯可罗多夫斯基夫妇先后有了 4 个孩子——3 个女儿、1 个儿子。1867 年的 11 月 7 日，华沙雪后初霁，还是在这里，他们的第五个爱情结晶——可爱的玛丽出生了。

1868 年，严谨又博学的斯可罗多夫斯基先生被任命为华沙一所中学的教师兼副督学。“副督学”是一个波兰人在中学所能获得的最高行政职位，自然他的一举一动将会处于俄国上司的严格监管之中。当然，这一职位也给斯可罗多夫斯基全家带来了较高的收入和一处新的住房。但是，为此斯可罗多夫斯卡夫人不得不遗憾地辞去了女校校长的职务，因为她无法既照顾5 个孩子又兼顾学校繁杂的事务，更为糟糕的是，在玛丽出生的时候，斯可罗多夫斯卡夫人就已经有了结核病的初期症状，这似乎预示着未来的某种不幸即将发生……

我们的主人公——玛丽，就属于这样一个黑暗年代中顽强生存的不屈的民族，诞生于一个知性又温馨的大家庭中，这显然与居里夫人生命中所闪耀的宝贵品质有着必然的联系。

小玛丽的烦恼

还在5 月末，华沙的天气已经十分炎热了。尽管街头被炽烈的阳光晒得酷热，但人们依然身着安息日的盛装赶往圣母教堂做晚祷。

星期日的诺佛立普基路男子中学本应十分安静，却时不时地被一阵阵嘈杂的声音划破。声音是从学校一幢建筑物的一层里传来的，里面夹杂着的似乎是木块的敲击声、什么东西訇然倒塌的声音，当然，最突出的是孩子们尖锐的叫喊声——操着波兰语、颇为激动但挺悦耳的童声：

“海拉，快，没有弹药了！”

“约瑟夫，瞄准他们的城堡！”

“玛丽，快让开！”

“怎么啦，我正给你拿木块呢！”

“啊——”

这俨然是个小型的“战场”啊！

“战场”是一间宽敞的正方形屋子，屋子四角放着的4张小床说明这是一间4 个孩子的卧室，确切地说，这是斯可

罗多夫斯基先生家孩子们的卧室。这些小斯可罗多夫斯基们已经将叔叔圣诞节时送的一整套建筑玩具派上了新用场——变成了炮弹和子弹，在空中横飞！哥哥约瑟夫一副元帅气派，他催促着妹妹海拉及时运送弹药；海拉作为一个6岁的女孩子，不仅崇拜哥哥的大将风度，更羡慕姐姐布罗妮雅已经8岁了，她更有力量，能把积木扔得更远；姐姐布罗妮雅是一个极为活泼的胖女孩儿，她一边反击，一边保护着她的城堡，忙得不亦乐乎！最小的玛丽是布罗妮雅的副官兼后勤部长，她正忙着用带花边的围裙兜着军火不停地跑着，她那兴奋的小脸涨得通红，嘴唇几乎要焦了——她才不到5岁，这样的“战斗”对她来说显得太激烈，很快就让她筋疲力尽了。

“玛妮雅！”小玛丽忽然听到有谁在亲切地呼唤着自己的小名，立刻停住了脚步，放开紧握着围裙抱在胸前的双手，“哗啦”——积木撒了一地。

是大姐苏西亚——她那灰色的长发蓬松随意地披在肩上，热情洋溢的脸上有一双清秀的灰色的眼睛，显得那么富于幻想。她虽然还不满12岁，可在玛丽心中，她已经完全是个大人了。“妈妈说你玩得太久了，现在该休息一下了！”苏西亚对小玛丽说。

“可是，我走了布罗妮雅怎么办？她需要我，我得帮她拿积木！”

“是妈妈叫你去呢！”

“哦，那好吧！”小玛丽歉疚地看了一眼布罗妮雅，迟疑了片刻，就牵住大姐的手，一同走出了房间。其实，对她来说，离开“战场”并不算是一件无可奈何、极不情愿的事，说实话，她已经累得快坚持不住了，而且，在隔壁屋子里，她美丽慈爱的妈妈在呼唤她呢！

“玛妮雅！我亲爱的小女儿！瞧瞧，你的头发多乱，你的脸多红啊！”说着，斯可罗多夫斯卡夫人伸出她那极为苍白和消瘦的双手，温柔地拢了拢小玛丽散乱的鬈发，又将小玛丽散了的围裙带子重新系好。这样的动作是小玛丽最熟悉的，这使她慢慢感觉轻松多了。她坐在母亲脚旁的矮凳上，依偎着母亲，安静地伏在母亲的腿上。其实，她性格娴静，更喜欢这样安静地待着。

“哦，玛妮雅，我的孩子，你睡着了吗？”

小玛丽轻轻地摇了摇头，说：“没有，妈妈，我很好！”

斯可罗多夫斯卡夫人用手指轻柔地抚摸着小玛丽的前额。要知道，这种抚摸可是小玛丽记忆中母亲对自己最亲切的表示了，她完全不记得妈妈如其他母亲对待自己的孩子那样拥吻过自己。对此,她有些不解,甚至有些遗憾。尽管如此,她也没有什么不满,反而更加珍惜,因为此时的她算是享受着想象中最大的幸福了——能这样伏在妈妈的腿上,接受着那双满含感情的手轻柔的爱抚。以她的年龄,当然还不能理解,每当这时,母亲对她的孩子就抱有更大的遗憾——自从得知自己不幸患上了具有传染性的结核病后,为了子女们的健康,她就为自己立下了严格的规矩:只用专用的餐具,决不再拥吻自己的儿女。对于一个慈爱的母亲,这恐怕也是一种痛苦的折磨——她甚至失去了这种对孩子最直接、最平常的表达母爱的方式!

从小玛丽记事起,她就能听见从妈妈房间里传来的一阵阵短促的干咳声,看见望着妈妈的爸爸脸上浮现出的忧愁表情,还有,在所有孩子的晚祷词里,都加上了这样一句:“请保佑我的母亲恢复健康!”

当斯可罗多夫斯卡夫人要起身时,小玛丽眨着眼睛,请求说:“哦,妈妈,我……我可以留在这里看会儿书吗?”每次说到看书,小玛丽就有一种特有的羞怯,让她双颊绯红,似乎有些心虚,觉得自己提出的是不情之请。

“孩子,今天天气很好,我看,你还是到花园里去玩一会儿吧!”不出所料,妈妈果然又是这样建议她。

不要奇怪！原因很简单，小玛丽尽管只有5岁，但是她对书本的超乎寻常的热忱已经足以让她的母亲感到些许忧虑，因为她自己就是一位很谨慎的教师，她有些担心自己这个聪明的孩子智力发育过早了——这些不是无端的猜测，有事实为证：那是小玛丽还只有4岁的时候，姐姐布罗妮雅觉得自己学字母太没意思，就和她的小妹妹玩起了"教师游戏"——用纸板剪成字母排列成单词教自己的"小学生"。结果，一天早晨，布罗妮雅在接受父母的学习考查时，把一段简短的文字读得结结巴巴的不成句，小玛丽不耐烦地从姐姐手上拿过书，大声而流利地读出了第一句。她正得意地准备往下读，对她来说，这和她与姐姐玩的游戏差不多有意思。可是当她忽然感觉到周围投来的并不是赞许的目光时，她停住了，抬眼看了看父母惊讶的脸，又偷偷瞄了一眼姐姐满脸不悦的表情，才意识到自己做了一件令人不快的事情，她有点不知所措，眼泪吧嗒吧嗒地掉了下来，嘴里嘀咕着："对不起，请原谅，我不是故意的！这不是我的错，也不是布罗妮雅的错！因为……因为它们实在是太简单了！呜呜呜……"——她毕竟只是一个4岁的孩子。她失望地想，大概是因为自己学习了读书，再也得不到父母，尤其是布罗妮雅的原谅了。

所以，每当小玛丽要伸手去够那些满是字的书本时，每当她提出看书的请求时，斯可罗多夫斯卡夫人总是试图安排她做些别的事——玩玩木块、唱唱歌、找找洋娃娃在哪里或是像今天这样建议她去花园里玩一会儿。

哎，5 岁的小玛丽还真是有不少烦恼：不清楚为什么妈妈不能拥抱自己，也苦恼为什么不能去做自己最爱做的事情——看书，甚至感觉自己在爱好上的确有那么一点点与众不同——作为一个女孩子，她最喜欢去的地方却是爸爸的工作室！对于小玛丽，那里并不亚于华丽的宫殿：爸爸教学用的气压表、玻璃匣子里的玻璃管、天平、矿物标本、金箔验电器等，总是宛如艺术品那样优美、奇异和有趣。

母亲

在小玛丽的眼中，母亲温和而慈爱。

印象中的母亲从未高声训斥过谁，尽管她曾经是一位出色的女校校长，可是她的威严并非来自严厉，微笑着也同样把学校管理得无比成功，使它成为城里的女孩子们和他们的父母们心仪的地方——这就是她的魅力所在吧！

家庭显然在母亲的心中有着至高无上的地位。为了自己丈夫的事业和5个孩子的健康成长，她不无遗憾地辞去了自己引以为豪的校长职位，退而成为一名家庭主妇。当然，此时的她也已经无力再承担繁忙的工作了——在小玛丽出生前，她就不幸患上了结核病，虽然在接下来的几年里经历了无数次的治疗和调理，但病情还是不断恶化了。

为此，她对自己的亲人们心怀愧疚——她不能再和他们亲密接触，常常一个人躲在屋里忍受无穷无尽干咳的折磨，甚至连咳嗽也能忍则忍，她不愿意让这声音传到丈夫和孩子们的耳朵里，令他们揪心。对她来说，不能表达自己的爱其实是一件更令她痛苦的事情。因此，她只能选用另一种方式——忙碌劳作来默默地为家庭奉献。

作为一位虔诚的天主教徒，她有一种无以言状的勇敢和乐观。她从不埋怨命运的不幸，尽管病魔缠身，但是她始终让自己看起来精神饱满、衣着整洁。她不停地操持着各种家务，总给人一种生气勃勃、身体健康的错觉。她不辞劳苦，总是希望为孩子们多做些什么——为他们做衣服，甚至做鞋子。其实，没有一种劳动是她认为不值得去做的。生了5个孩子、身患重病的她，在大多数时间里不能外出，只能待在家里。于是，母亲就慢慢学会了鞋匠的手艺。孩子们的小脚长得飞快，又成天跑跑跳跳，靴子不是小了，就是被磨破了。现在好了，除了需要买些皮子，就无须再花什么钱了。这一大家子人全靠斯可罗多夫斯基先生的收入，日子过得并不容易。母亲必须节俭、再节俭。

不过，做鞋可不像小玛丽想象中那么轻松，它完全算得上是一种粗活，尤其是对母亲这样一个病人来说。她那双苍白而纤长的双手，一只熟练地拿着闪亮的切皮刀，另一只扶住搁在膝盖上的鞋底。手腕转动，锋利的刀刃处已划出了一条圆滑优美的曲线，几乎无须再下刀修饰。显然，这些厚厚的结实的皮子可不是薄纸，割开它除了需要技巧，不可缺少的是力气。另外，母亲还需要用尖利的锥子穿透皮子，以便顺利地将蜡线穿过去。由于来回不停地抽动这些蜡线，母亲的食指上总是会留下一道道深深的勒痕。然而，在母亲的脸上玛丽似乎看不出这种活计究竟有多么费劲，那上面只有母亲一贯有的专注认真的神情。

玛丽很喜欢站在工作室的门口偷偷地欣赏父母的一举一动。其实，她很想加入他们，一同融入这和谐的一幕当中。

母亲抬头看见站在门边的小玛丽，热情地招呼说："哦，快过来，我亲爱的玛妮雅！快过来看看，这一双是给你做的。穿上它该多好看啊！"

小玛丽蹦蹦跳跳地跑了过去，她真想上前搂住妈妈的脖子，给她的面颊来个甜甜的吻。

当然，她知道不可以，她只能满怀爱意地望着这位可亲可敬的母亲。但她不知道，这样有限的欢乐不能持续多久了——不久以后，母亲的病情不断加重，不得不带着大姐苏西亚到尼斯去疗养。爸爸告诉她说："治疗以后，妈妈就会完全康复了！"带着这个美好的企盼，小玛丽等待了整整一年。但是，一年以后，当她再次见到母亲时，几乎不敢相认了——母亲被病痛折磨得憔悴、苍老了许多……

接踵而至的厄运

从1873年开始，厄运似乎一直纠缠着斯可罗多夫斯基一家。

这年秋天，正当斯可罗多夫斯基先生带着全家度假归来，回到诺佛立普基路中学的家时，在办公桌上看见了一封公文，内容如下：奉当局的命令，撤除乌拉狄斯拉夫·斯可罗多夫斯基先生副督学的头衔，并勒令交还按照职务分配的住房，同时，薪俸也将作出相应的调整。这一纸公文只能说明一个问题，斯可罗多夫斯基先生被降职了，意味着一家人将被赶出现在居住的房子。

面对这个结果，斯可罗多夫斯基先生似乎并不感到意外。对他来说，这是迟早的事情。他不由得苦笑了一下。这显然是学校校长兼沙皇的密探伊凡诺夫先生送给他的一份“丰厚的开学礼物”——一次恶毒的报复。这个不学无术的家伙总是依仗沙皇的权威维持自己在学校的威信，面对学校这些被强迫使用俄语教学的波兰教师和学生，毫无同情怜悯之情。不管是粗野的呵斥，还是虚假的恭维，都透露出他极其阴险的目的——监视和禁止波兰人的“不法”行为。所以，当他热心地要求翻看学生的作业时，斯可罗多夫斯基先生总是有些担心和紧张。因为这位校长并不是要殷切地关心孩子们的学习情况，而是试图要在这些文字中找出某种罪证。果然，一次，伊凡诺夫在一个小男孩的本子上发现了几个不小心写下的波兰语词，便开始大发雷霆。斯可罗多夫斯基先生赶忙为孩子辩护。他平静地说：“伊凡诺夫先生，这个孩子一定是不小心才犯了错！请您原谅他吧！其实，我们每个人都会犯错的，不是吗？包括您。您写俄文也会写错——实际上您常常会写错。我深信，这个孩子和您一样，绝不是故意写错的。伊凡诺夫先生！”这个诚实的教师虽然竭力保持应有的礼貌，但是他忍不住用这位“令人尊敬”的校长来和“犯了大错”的男孩相提并论，想以此来减轻孩子的过错。可他不知道自己犯了一个更大的错误——不仅企图反抗沙皇、包庇“罪行”，而且伤了一个堂堂校长的自尊。结果可想而知，从那一天起，伊凡诺夫校长再也没有给过他什么好脸色，当然，这样的惩罚是不够分量的，于是就有了这次的严肃处理。

屋漏偏逢连夜雨。就在斯可罗多夫斯基全家需要用钱的时候，又发生了一件倒霉事。不知怎么，一向谨慎的斯可罗多夫斯基先生听信了一个亲戚的发财梦，心血来潮地用3万卢布加入到一次冒险的投机——投资于一种“神奇的”蒸汽磨，结果损失殆尽。3 万卢布，这可是他全部的积蓄！从此以后，斯可罗多夫斯基先生似乎一下子老了许多，不停地为所犯的错误而懊悔，为自己的鲁莽行为而自责。

斯可罗多夫斯基一家流离失所，经过几度迁居，终于在位于街角的一处房子住了下来。家境变得十分困难。斯可罗多夫斯基先生一筹莫展。薪水大大降低，积蓄打了水漂，还要为妻子支付疗养的费用，孩子们还需要上学，全家人还需要生活。为了增加一些收入，斯可罗多夫斯基先生决定在家中收住几个寄宿生，开始是 2 个，后来多到 10 个，为他们提供食宿和个别辅导。玛丽和哥哥姐姐们只能把房间让给付钱的寄宿生们，自己睡在餐厅的皮沙发上。晚上，被子常常会从光滑的沙发皮面上滑落，让他们冷得缩成一团；一大早，他们就得赶紧卷起铺盖消失，因为寄宿生们要在这里开饭了。这所本来就不大的房子变得十分拥挤和嘈杂，家庭生活的亲密感完全消失了。如果当初能预见这个不得已的决定会给全家，尤其是小玛丽，带来一个多么致命的打击，也许斯可罗多夫斯基先生宁愿选择忍饥挨饿地勉强度日。比起经济的拮据和生活的艰难，这个即将到来的打击才真正使小玛丽第一次真切地感受到什么是命运的残酷。

1876 年 1 月，一个寄宿生患上了斑疹伤寒——一种极具传染性的疾病。很不幸，大姐苏西亚和二姐布罗妮雅很快都被传染了。接下来的几个星期令小玛丽终生难忘！整幢房子似乎都被笼罩在一片恐怖的气氛当中。在一间屋子里，母亲在拼命压制自己一阵阵发作的咳嗽；而在另一间屋子里，两个姐姐正被高烧折磨得全身颤抖，发出声声痛苦的呻吟。为了避免传染，小玛丽甚至不可以走进屋子、站到她们的床前、说几句安慰的话。

终于，小玛丽、海拉和哥哥约瑟夫被爸爸带到了大姐面前。可是，此时的大姐已经身着白衣，面色苍白地静卧在灵柩里了。她双手合在胸前，头发剪得短短的。在小玛丽的眼里，她还在微笑，依旧那么美丽。小玛丽还清晰地记得她最喜欢牵着大姐的手散步。此时，她似乎又看到了她们穿过窄院子、大花园，她们谈笑风生，她们下河爬树；她似乎又听到了大姐讲述的精彩故事、听到了自己在观看大姐表演喜剧时发出的咯咯笑声……和大姐在一起，有多少美好欢乐的回忆啊！而在幻象消失后的冷酷现实中，一切死一般的静寂，大姐再也不能牵住她的小手了。玛丽失声痛哭起来。她生平第一次穿上素黑的外衣为年轻的姐姐送葬；布罗妮雅还十分虚弱,不能下床;悲伤的斯可罗多夫斯卡夫人只能在窗前目送自己女儿的灵柩沿着门口的大路缓缓而去。

小玛丽被这样无情的现实震惊了。她似乎一下子长大了很多。在母亲的病越来越重的时候,她已经能够很清楚地意识到,自己对母亲最热忱的敬慕之情、最真诚的爱和最虔诚的祈祷全都不能阻止厄运的来临。

1878 年5 月9 日,斯可罗多夫斯卡夫人已经做好了所有告别人世的准备。她请求医生离开,并请来了牧师和所有的家人。她要向自己至亲至爱的人作最后的道别。她的脸色依然如此平和,即使是临终的样子,也保持得极其优雅。她的眼睛逐一注视着自己最爱的这5 张满带愁容的脸,想到自己即将留下4 个孩子让深爱的丈夫独自照顾,想到自己再也无法陪伴孩子们成长,尤其是想到再也无法关爱只有10 岁的可怜的玛妮雅,她的眼中不由得充满了深深的悲哀与无奈。但这个坚强而虔诚的天主教徒还是用尽自己所有的力气向每一个人道别,并用颤抖的手画了一个“十”字,表示对他们全体最后的祝福:“我爱你们。”

2 年前送别苏西亚的场景还历历在目,如今玛丽又再次穿上了黑色的丧服,走在通往墓地的路上。年幼的玛丽失去了大姐的保护,失去了母亲的慈爱,从此开始了真正坚强的成长。面对残酷的生活，她决定不再听天由命，决不！

当她再次跪在以前陪伴母亲做礼拜的天主教堂里的时候，一颗反抗的种子在心中慢慢萌芽。她曾经是那样虔诚地向上帝祈祷，卑微地跪在他的脚下，热切地祈求他让母亲健康起来，不要带走亲爱的大姐，甚至愿意把自己的生命献给上帝。可是，上帝似乎并不想理会这个可怜的孩子。为此，生性倔强的玛丽暗暗下定决心——不再怀着像从前那样的敬爱与虔诚向上帝祈祷了。上帝的无情和不公平已经毁灭了她周围的快乐和温存，同时也击碎了她对上帝所有的幻想。

充满屈辱的表演

时光荏苒，小玛丽不仅盼到了上学的日子，而且因学绩太过出色而直接和姐姐海拉坐在了同一所女子私立学校的同一个教室里。尽管她已经一再尽力地克制自己强烈的学习欲望，可是结果依然如此：任何科目永远都是第一——算术、历史、文学、德文、法文、教义问答……都是第一。

对于俄国统治下的波兰，私立学校是民族精神抗争传承的重要阵地。虽然在重重的监视之下，但他们是英勇不屈的波兰人——学校里上至教师下至学生都始终保持着高昂的爱国热情和必要的冷静态度，他们既抓住一切可能的机会操练自己的语言、讲述自己的历史、学习自己的文化，又随时准备委曲求全，应对俄国督学挑剔的目光和苛刻的检查。

此时的课堂上，杜巴尔斯卡小姐正用波兰语讲授着波兰历史。没有任何人在课堂上交头接耳。如果说她们是因为从事着地下活动而不得不保持必要的神秘和安静，似乎不完全对。因为这样的课程总能使她们有一种发自内心的庄严和神圣，产生出认真的热诚。

忽然，“丁零零……”轻轻的但是听起来十分刺耳的电铃声响了起来，这是看门人发出的信号——俄国督学又来了。学生们心中扬起一阵无声但又十分剧烈的紧张，像听到了比赛的发令枪般训练有素地和老师一起收拾起散乱的书籍，熟练地将课桌上波兰文的课本和笔记分别堆放在5个身手敏捷的学生的围裙里，她们抱着这些东西，迅速走过那扇通向宿舍的门，旋即，跑回来坐回到座位上喘息着。这一切无须任何命令，自始至终，大家一语未发，保持着绝对的默契。

几乎是同时，教室的大门被推开了，督学霍恩堡先生出现在门口。紧跟在后面的校长西科尔斯卡小姐表面镇定，但是眼神里透露着强烈的忧虑不安——她不知道今天在如此短的时间内，她的学生们是否已经做好了准备。看了看眼前的情景，她才长长地、轻轻地舒了一口气。教室里25个小女孩正在老师的指导下做着针线活，手指上套着顶针，在毛边的四方布上娴熟地锁着扣眼，她们那专注的神情简直无可挑剔。老师的讲台上还明显地放着一本俄文书。

“督学先生，这些孩子每周要上两小时的缝纫课。”校长用俄语从容地介绍着。

督学似乎不太想理会校长的话，他径直走向老师，问道：

“在教室外面，我听见你们在高声朗读，你们，在读些什么?”说着，目光逼视着杜巴尔斯卡小姐。

“我们在读克雷洛夫的《寓言》，督学先生。”杜巴尔斯卡小姐已经完全恢复了镇定，迎着那犀利的目光看过去。

霍恩堡显出一副漫不经心的样子，走到学生中间，却以十分敏捷的动作突然掀开某一张课桌盖子，他希望有所收获，可是里面什么也没有。他在一张椅子上坐下来，肥胖的身体将椅子压得咯吱作响。他跷起腿，摆出一副统治者的架势，命令道:“去叫一个孩子过来!”

玛丽心里在不停地祷告着:“上帝啊上帝，这次还是叫别人吧，千万不要再叫我了！不要，不要，千万不要啊！求求你了!”

当然，其实玛丽心里十分清楚，她的祷告仅仅是自己的美好愿望而已，在这种情况下，一定是会叫到她的，因为她知道得最多，而且俄语说得好极了……但是此时，这种优秀没有成为她自豪的理由，反而使一种可怕的耻辱扼住了她的喉咙，令她窒息。不出所料，她再一次被带到这个令她厌恶的人面前。

“背诵祈祷文!”霍恩堡突然说，态度冷漠又厌烦。

这无疑是沙皇发明的最巧妙的侮辱方法之一，以尊重波兰人的信仰为借口，却让孩子们每天用俄语说祈祷文，这严重亵渎了他们最神圣的尊严。玛丽决定用一种更加冷漠的声音以示反抗，她毫无表情但又十分流利地背出了天主教祈祷文，除了语气，完全无懈可击。

霍恩堡停顿了片刻，又提问说："从叶卡捷琳娜二世起，我们神圣的俄国皇帝有哪几位？"

"叶卡捷琳娜二世、保罗一世、亚历山大一世、尼古拉一世、亚历山大二世……"

督学先生终于露出了些许满意的神情，这孩子记忆力很好，发音标准得就像生在圣彼得堡。他似乎很享受听到他人尤其是被统治者历数这些令他景仰的名字，意犹未尽地继续要求道："把皇族的名字和尊号说给我听听。"

"女皇陛下、亚历山大太子殿下、大公殿下……"玛丽一个不差地说出了一长串名字。

"那么，我的尊号呢？"

"阁下！"

这个督学仔细地追究着品级上的细节，也许，他根本就认为这些要比数学、文学重要多了！也许，他纯粹就是为了取乐——看着这些臣服的波兰人，心中有着无以名状的快感吧！

“谁统治我们?”——简直是令人无法忍受,没完没了!

答案没有他想象的那么快,霍恩堡立刻收住了刚刚的那一点点得意的微笑,几乎是厉声吼道:“谁统治我们?”

校长和杜巴尔斯卡小姐竭力克制,为了掩饰眼中的怒火,都转而盯着花名册。玛丽竭力保持冷静,痛苦地说道:“亚历山大二世陛下,全俄国的皇帝。”对于一个如此聪慧的10 岁的孩子,这实在是一种折磨。

拷问终于结束了。督学先生离开座位,向隔壁屋子走去,校长跟了出去。

教室的气氛终于复活了。

杜巴尔斯卡小姐什么话也没有说,只是赶紧走过去,将玛丽搂在怀中,并疼惜地吻了吻这个可爱孩子的额头。玛丽尽管固执而又倔强,却毕竟还是个孩子,心中的屈辱和怨气此时只能化作泪水夺眶而出……

忘我的学习

家庭的巨大变故和饱受压迫的屈辱让敏感的小玛丽失去了许多童年的欢乐。她的脸上经常显露出一种严肃的神情，其中饱含着超越年龄的愁绪和孤寂。虽然斯可罗多夫斯基先生在夫人去世后，除了忙于维持生计的工作，几乎将所有的空闲时间都用来竭尽全力地照料这些孩子们，但这毕竟是一个男人笨拙的照料，难免有不周之处。玛丽必须自己长大。

好在，有一件事可以慰藉玛丽孤独的心灵。那就是阅读和学习。这几乎成为玛丽能够帮助自己暂时忘却种种不快的唯一方法。在学习中，她仿佛能幻化成自在的游鱼，尽情穿梭在不同领域的知识海洋中。她博览群书，不论是学校的课本，还是冒险故事、诗歌，抑或是斯可罗多夫斯基先生各种各样的科学专著，她从不挑剔，杂乱又广泛地进行阅读。她十分享受这样的时刻。只有此时，她才完全沉浸在自由的世界——一个没有寒冷孤寂、没有监视压迫的世界，一个属于她的世界。

每天下午5点午茶结束以后，寄宿生们都回到自己的房间里。仆人们将饭厅的大餐桌收拾干净，点上煤油灯，这里就成了玛丽兄妹们的大书桌。大家都打开书本开始学习。不一会儿，饭厅里就回荡起杂乱扰人的读书声。大多数人面对密密麻麻的拉丁文、凌乱无章的历史年代和可怕难懂的俄文都容易心生畏惧，总想着让自己的嘴巴来帮帮忙——结结巴巴地读出声儿来，似乎这样就能顺利地把它们送进自己的脑袋。但小玛丽从没有为此而烦恼过，她的记忆力一贯极好，几乎是过目不忘，读过两遍的诗很容易就一字不错地背诵出来，以至于同伴们总是觉得难以置信，常常怀疑她以前就读过这些诗。这让她多少有点愤懑，因为她对有意或无意的说谎都无比厌恶。玛丽总是很快就完成了功课，有时会耐心地帮助那些智穷力竭的同伴解决学习上的困难，可更多的时候，她更愿意捧上一本厚厚的大书，津津有味地阅读。

可是，环境如此嘈杂，怎么才能读得下去呢？起初，玛丽将双肘撑在大桌上，双手扶住额头，同时腾出两根大拇指堵住自己的耳朵，以躲避纷乱的噪音——尤其是海拉的声音，她好像总是需要特别费劲地嘟嘟囔囔，才能温习完自己的功课。但是，不大一会儿，堵耳朵成了一个完全没有必要的动作。玛丽已经读得全神贯注了，丝毫不理会屋里发生的任何事。这个年龄最小的学生表现出的这种超常的专注让哥哥姐姐们觉得很是奇怪和有趣，比起自己的功课，他们似乎更有兴趣来研究一下这种功力究竟有多么高深。于是，布罗妮雅、海拉和几个同样好奇的寄宿生想方设法地在玛丽身边又唱又跳，发出让人难以忍受的喧哗。可是每一次都令他们无比失望——玛丽完全置之不理。在尝试了20多次以后，他们自己都因感到缺乏创意而不耐烦了，玛丽却依然无动于衷。

经过简短的商议，孩子们想出了一个"绝妙"的主意。他们蹑手蹑脚地行动起来，其实没必要这么小心，玛丽根本没有在意他们！他们把椅子集中起来，像玩杂技一样，自下而上，按照4、3、2、1的数量，搭成一个椅子塔，当然，他们不会搭得十分严整结实，相反，是尽量让它们歪歪斜斜，摇摇欲坠！然后，他们装模作样地退回到自己的座位前，假装学习，强压着笑声，眼睛不停地偷窥着事态的发展，焦急地等待着恶作剧的"精彩一刻"。

可是，他们真的得有很强的耐心才行，时间久得简直就要让他们的兴奋劲儿像炉火一样渐渐熄灭了。玛丽专心地看着书，好不容易，她把一章的内容读完了，也许，是忽然觉得周围的安静有些异常，她合上书，抬起了头……"哗啦

啦……”一阵海啸般巨响，身后的椅子塔訇然倒塌，继而爆发出比倒塌声还要响亮的哄笑声。海拉又蹦又跳，布罗妮雅和寄宿生们紧盯着玛丽，等待她愤怒的发作。

然而，再一次让所有人失望和诧异了。玛丽坐在那里根本没动。她也没有发怒，当然也不会觉得这种恶作剧很有趣。她的眼神有些恍惚，像个刚刚醒来的梦游者。她只是揉了揉被一张椅子撞击的左肩，然后拿起书来，准备撤离到隔壁去。与这些“大孩子”擦肩而过的时候，她只不以为然地说了三个字：“真无聊。”这让他们呆呆地站在原地，完全不知所措了！

儿时的玛丽似乎就具有一种特殊的天赋与特质——对知识的无比渴求、心无旁骛的高度专注和咬定青山不放松的顽强坚定。这些特质就如一种锐不可当的力量，推动她在日后的科学道路上越走越远！

叛逆与抗争

一转眼，玛丽14 岁了，已经由身体单薄的小女孩成长为亭亭玉立的少女。她看上去脸色红润，眼睛明亮，头发光洁，皮肤白嫩，身体被一套合身的栗色制服勾勒得不胖不瘦、恰到好处。现在的玛丽已经是一位中学生了——由波兰气息浓郁的西科尔斯卡小姐的私立学校升入到一所俄国化精神极强的克拉科维大道公立中学。因为没有其他选择，只有皇家中学的文凭才有效。环境的改变使她完全置身于他人的屋檐之下，如此种种的无奈感越来越多，越来越强烈。但是，随着年龄的增长和思想的丰富，玛丽再也不是那个只能忍受寂寞、独自哭泣的玛妮雅了。她不愿低着头生活，她要不卑不亢地活着。

庆幸的是，她有了一个志同道合的挚友——卡霁雅。每天的上学路上，玛丽都会先往察摩伊斯基伯爵的府第“蓝宫”走去。卡霁雅是伯爵家图书管理员的女儿。当然，玛丽会避开正门，从一座铜狮镇守的老院子走进去。通常，卡霁雅会在那里等她。如果没人，玛丽就把门前铜狮口中垂下的铜环向上翻到狮鼻上——这是卡雾雅和她约定的一个暗号。有了这个暗号，她就不必在楼下等待了，因为卡雾雅看到这个暗号，就知道她已经过去，会一路小跑追上她的。一路上，两个小姑娘总是手挽着手，一边用穿着胶鞋的脚去趟路边的水洼，一边亲密地交谈着。只要不在学校的范围内，她们最常谈论的话题就是取笑学校里那些令他们厌恶的俄国教师——讨厌的德文教员巴斯特·麦丁、极端可恶的学监梅叶小姐等。

走着走着，玛丽忽然想起了什么，她满含鄙夷和嘲讽地说："卡雾雅，昨天历史课上的那些谬论到现在还让我难以平静！老师竟然说波兰是一个省，波兰语是一种方言，更可笑的是，说波兰人忘恩负义，以致让沙皇尼古拉一世悲哀而死！实在是荒唐至极！"

"是啊！不过，你发现了没有，那个可怜的历史老师，那个可怜虫，说这些话的时候，也心虚得很吧！他的脸色实在让人不忍目睹，眼睛都不敢正视我们呢！"卡雾雅应道。

"沙皇会为我们悲哀而死？太可笑了！他们还没有从沙皇亚历山大二世被刺这件事上好好反省一下吗？"玛丽说。

"那真是一个天大的好消息！"

"是的，完全值得我们载歌载舞庆祝！"说着，两个小姑娘忍不住咯咯地笑了起来。她们不禁想起了一年前，全国上下正为暴毙的沙皇服丧悲痛之时，她们是怎样的欢欣鼓舞，忍不住毫无顾忌地在学校的教室里跳起舞来，还正好被学监梅叶小姐碰了个正着。从此，这位乖戾的女士更加和她们针锋相对起来。

穿过萨克斯宫布满优美细长圆柱的长廊，走过宽阔的广场，玛丽忽然想到了什么，叫了一声："呀！我们忘了，已经过了纪念碑了！"

卡霁雅一语不发，拉着玛丽转过身跑了回去。她俩跑向萨克斯广场中间的一座纪念碑，不是行礼，不是肃立，而是飞快而不屑地吐了一口唾沫，才继续走向学校。不要奇怪，并不是每一座纪念碑都值得纪念和膜拜的。这座表面华丽的方尖碑，周围还立着四头狮子，上面用俄文书写着："纪念忠君的波兰人"——显然，"忠君"这个词很关键，它表明这座碑是沙皇给那些甘当走狗和奸细的波兰人的奖赏。所有正义和爱国的波兰人都会鄙夷和讨厌它，因此慢慢形成了这样一个传统习惯、一个特殊的"瞻仰"仪式——唾弃。玛丽和卡霁雅忠实地履行着爱国者的义务，即使像今天这样不小心给忘了，她们也会退回去补上这个仪式。

她俩舒了一口气，又继续聊起来。

玛丽说:“哦,对了,卡雰雅,今晚我们在家里跳舞,你来看吗?”

“来……吧! 哎! 玛妮雅,我们什么时候才真正有权利跳舞呢? 其实,我们已经跳得够好了,特别是华尔兹!”卡雰雅有些不耐烦地叹息道。

她们还是中学生,在毕业正式“进入社交界”以前,是不可以跳舞的。当然,她们可以自己练习。或是像玛丽说的那样,坐在小椅子上,观看哥哥姐姐们上舞蹈课。不过,这也足以让这两个年轻人郁闷好久。

很快,两人就汇入了校门前学生的人流中。

玛丽一眼就看见了站在教学楼前的梅叶小姐——玛丽的公开仇敌。梅叶小姐是一个身材矮小、皮肤棕色、头发油腻的女子,还总是穿着一双永远都不会发出声音、非常适合密探们穿着的平底鞋。自从上次的“跳舞事件”后,梅叶小姐从不放过任何一个责备玛丽的机会。她实在看不惯一个波兰学生如此的顽固放肆。而每当梅叶小姐用她那一贯的带着侮辱性的口吻开始责备的时候,玛丽总是报以微笑,一种轻蔑的微笑。这种无言的抗争总能气得梅叶小姐毫无风度地叫道:“哦,你这个斯可罗多夫斯卡,简直不值得和你说话! 就像扔豆子打墙一样毫无用处!”不知道今天,她又能挑出些什么毛病来指责玛丽一番。

果然,玛丽又被梅叶小姐叫住了:“哦,玛丽·斯可罗多夫斯卡,你身为一个皇家中学的学生,为什么总是这样不注意仪表?瞧瞧你那可笑的不整齐的头发,你难道不能把它梳得整齐一些吗?”

“梅叶小姐,其实早上我已经很认真地梳过了。”玛丽毫无表情地回答。

“是吗,那我就来给你做个示范,看看应该如何整理好自己的头发,保持应有的礼仪!”说着,梅叶小姐找来一把梳头的刷子,重重地刷平那些不听话的头发,把它们紧紧地束进辫子里,扯得玛丽的头皮生疼。玛丽静静地忍耐着这无端的报复,什么话也没有说。费劲的梳理终于结束了。梅叶小姐正要炫耀一下自己的杰作,可是几分钟后,那些又轻又细又鬈的发丝调皮地重新冒了出来,生动地拥住了那张可爱的脸。玛丽还是不说话,只是用眼睛高兴地、固执地盯着这个学监闪闪发亮的束发带。

梅叶小姐又忍不住发怒了,厉声说:“不准你这么看我……不许你这样俯视我!”

玛丽不知哪儿来的勇气,也高声说:“事实上我只能这么看你!尊敬的梅叶小姐!”她这样大胆的举动,让周围的人吃了一惊。不过，玛丽说得没错，因为梅叶小姐整整比她矮了一个头。

其实，对这样一个学校，玛丽抱有一种微妙的复杂感情。她痛恨俄国统治者，可是对学校不能断言是完全厌恶的。学生里有同她一样的波兰学生，尽管其中也有为数不少的犹太人、俄国人、德意志人，但是同在一个教室里学习，有着同龄人共有的青春和友谊，足以暂时消除那些种族和思想上的差异。这里还有波兰老师——比如年轻英俊的数学老师格拉斯先生、幽默风趣的自然科学老师斯洛萨尔斯基先生。甚至那些俄国教员也不是全都令人讨厌的。谁能想到神秘的米基耶辛先生会悄悄地把革命诗人涅克拉索夫的诗集当做奖品奖励给学生呢？正因为如此，让玛丽觉得中学的几年并不像她想象的那样痛苦和漫长。

玛丽和卡霁雅笑着向教室走去，奇怪地发现她们的朋友库尼茨卡没精打采地挪着步子，一向穿着整齐的她，今天却有些衣衫不整。她俩连忙收起笑容，向她们的朋友走去。

“怎么了？发生了什么事，库尼茨卡？”

库尼茨卡清秀的脸上毫无血色，眼睛里噙满了泪水。她哽咽着，很费力地才把话说出来：“我哥哥……他参加了一个密谋……被人告发了……”接着，忍不住哭出声来，“明天一早就要受绞刑!”

玛丽和卡雾雅惊呆了,她们正想好好地安慰这位不幸的朋友,却听到梅叶小姐的尖声喝叫:“小姐们,闲话说够了没有?快一点进教室去!”

她们连忙扶住库尼茨卡,慢慢走到座位上。方才,她们还想着快乐的音乐和舞蹈,此刻,脑子里一片混乱,甚至已经听不清老师在讲些什么。

晚上,谁也没有去看跳舞。她们守在库尼茨卡身边,陪伴她等待黎明。漫漫长夜中,她们尽可能无微不至地照顾这位可怜的朋友,为她擦去不断落下的眼泪,为她端上一杯热茶。当惨淡的晨光透过窗户照在她们彻夜未眠的疲倦而苍白的脸上,最后的时刻到了。她们一起跪在地上,低声念诵着最后一次祈祷。玛丽望向窗外,她似乎看见了那个被处死的男孩热烈而年轻的脸,看见了绞刑架、刽子手、绞索……眼泪模糊了双眼,她用双手捂住了无限惊恐的脸。

快乐的假期

1883年6月2日是玛丽中学毕业的日子。这一天，玛丽把手挽在父亲的臂弯里，无比自豪地从毕业典礼的会场上走了出来。斯可罗多夫斯基先生更是骄傲，因为他的手中捧到了继约瑟夫和布罗妮雅之后的第三枚金质奖章。他决定在他的小玛丽选择职业之前，给她一份丰厚的礼物——长达一年的休假！一年悠闲惬意的乡村生活！

那个叫做兹窝拉的小乡村曾是玛丽的乐土。她甚至还能清楚地记得4岁时，她跟着大姐苏西亚在乡间小河里玩耍的情景。她们总是尽兴而归，一玩就是好几个钟头；她们丢开所有的规矩和烦恼，完全没有弄脏衣服的担忧；她们捏泥饼、爬大树，尽情品尝各式各样的生菜野果。比起俄国统治下的华沙，那才是玛丽心中真正可以自由畅快呼吸的地方。如今，她中学毕业了，她那在刻板规矩的生活中被压抑已久的心伴着悄悄萌动的青春，向着那片自由之地飞去！

在这里，她生平第一次彻底抛开了书本，在远离了华沙和学校后尽情地享受生活之乐。她住进乡下亲戚的家里，只要付极少的膳宿费，再教孩子们一点点法文，就可以安心地接受几个月的款待。她可以任意决定自己起床的时间，看自己想看的书，做自己喜欢做的任何事。她和年龄相仿的伙伴们一起散步、滚铁环、打板羽球，玩各式各样以往不曾玩过的小孩子们的幼稚游戏，包括在乡间野地里骑马、采花，还把那条叫"蓝赛特"的小狗肆意地娇生惯养成一只极其肥大的狗，毁灭了它成为一只优秀猎犬的大好前程。她的心徜徉于雪山丛林之间，飞翔于山径小湖之上，如醉如痴。玛丽常给卡霁雅写信，描述她美妙的乡村生活，字里行间已经找不到任何的不快，童年所经历的一切忧郁在这里似乎被一扫而尽。

转眼冬天临近，玛丽早早地赶往斯卡罗布米亚兹叔父的家。她和所有的人一起投入到紧张兴奋的准备中——这里将迎来她最盼望的狂欢——"库立格"。父母们烹调美味，女孩子们赶做糕饼，玛丽忙着为参加"库立格"化装的彩衣上缝制花边。当然，如果仅仅把"库立格"理解为一次普通的化装舞会，那就大错特错了。与其说它是集会，不如说它是一次精彩刺激的旅行。玛丽和她的堂姐妹们都戴上面具、挤进带篷布的雪橇，在几个骑着马、举着火把的男孩子的护送下，乘着夜色出发。不久，他们就和乐师们的雪橇会合了。

欢快的舞曲从他们的篷布下传来，引导着队伍在树林间快速地穿行。雪橇颠簸着飞驰，却丝毫不会影响那动听的琴声，乐师们手中的琴弓从没有拉错一下。就这样，雪橇队经过了一站又一站，队伍已经变得浩浩荡荡。经历了日出日落，快乐的雪橇队只在途经的谷仓中小憩。终于在第二天夜里到达了目的地——这一区最大的房子前面。

“真正的舞会”开始了！乐师们的脸上丝毫看不出旅途的疲劳，他们奏出了令人兴奋的最强音，广场上响起了欢快的克拉科维亚克舞曲。人们自觉站好位置，美妙的舞步跃动起来。一位身穿绣花白羊毛衣服的英俊小伙赶紧跑过去邀请那位跳得最好的活泼少女同舞。只见她裙裾飞扬，舞姿翩迁，发髻上插着几朵鲜艳的玫瑰，年轻的脸如花儿般洋溢着欢乐和幸福。几乎认不出，这就是我们的玛丽！她跳得实在是尽善尽美，小伙子们只有预约，才能有幸与她共舞一曲，如果她到场外去透会儿气，就得有好几个舞伴在旁边守候等待了。

这是玛丽彻夜的狂欢！她尽情地跳啊唱啊，甚至准备将她那双崭新的紫色羊皮薄底鞋一夜跳坏！

这是玛丽终生难忘的狂欢，她甚至热切地希望自己未来的婚礼也办得像“库立格”一样热闹非凡！

当然，此时的她根本不会想到，在她此后近 50 年的生命中，再也没有机会像今天这样无忧无虑了，严酷的使命和大量的工作将耗尽她毕生的精力。50 年后，这位伟大的科学家也十分感激命运，让她人生中有了这样一段美妙的乡村插曲，允许她一夜工夫跳坏一双紫色羊皮薄底鞋。

奋斗的青春

- 我要把人生变成科学的梦，然后再把梦变成现实。
- 我认为，你们必须从一种理想主义中去寻求精神力量。在不使我们骄傲的情况下，这种理想主义可把我们的希望和幻想上升到一个很高的境界。

父亲

9 月,玛丽结束了 1 年的休假回到了华沙。之前,父亲已经带着全家搬往新的住所。这个家较之以往显得有些狭小、陈旧和简陋,可是,这样的环境反而使大家更容易找回一家人以往的亲密无间,也更适合思想和学习。这个家决定不再收寄宿生了——斯可罗多夫斯基先生虽然还在学校里任教,可是这位教师已经年老体衰,不再有精力照顾太多的孩子了。是的,当玛丽再次有机会仔细地端详自己的父亲时,才发现他真的有些苍老了。

父亲给人的第一印象总是严肃的,让人觉得他生活中的每一个动作、每一句话、每一件事似乎都是以一种既定方式展开的,看起来完全像个职员。这可能不仅源于他一丝不苟、认真踏实的天性,还是他几十载教学生涯、常年教授科学、无数次与伊凡诺夫们周旋的经历使然。他总是如此注重细节,衣装整洁,举手投足间都彰显了绅士的修养。如果他写一封信,不用怀疑,他笔下的每一个句子一定合乎逻辑,书法一定端正规矩。如果他准备一次游历,不用担心,一定是事事都已计划周详:你会看到一个预先经过研究的旅程表,其中清楚地标记出最值得注意的地点。在游历的过程中,你能听到这位教师令人信服的评述,某地风景之优美、某处历史之悠久,一点儿也不逊色于优秀的解说员。他说起话来总是富含哲理,令人回味。在玛丽的眼里,他是亲切的父亲,是称职的保护者,是无所不知的教师。

斯可罗多夫斯基先生的治学态度深刻地影响着玛丽。他身为一家之主,没有在那些凄苦困难的岁月里不知所措,除了辛苦地工作维持生计,尽其所能地照顾孩子和学生外,居然还能够挤出时间来阅读。他坚持认为,一个教师必须不断学习以充实自己的科学知识,一个教师的思想必须跟得上化学和物理学的发展,一个教师还需要通晓希腊文和拉丁文,日常所用的除了波兰语、俄语外,还需会说法语、英语和德语。他是这么想的,也是这么做的。他甚至热衷于把外国作家的杰作用散文或韵文翻译过来供孩子们阅读。他还自己写诗,并把它们细心地誊抄在一本绿黑相间的练习本上。令玛丽至今仍印象深刻的佳作有很多:《生日赠友》《为婚礼举杯》《致旧日的学生》……斯可罗多夫斯基先生是一个文理兼通的学者。子女们常常感叹,不知道欧洲什么地方现在还能找得出像他这样博学的无名教师?

玛丽最盼望的是每周六的晚上。这是斯可罗多夫斯基先生和他4 个儿女的家庭聚会的时间。他们围坐在小书房里的一盏煤油灯前，端上冒着热气的茶饮，在轻松惬意的氛围中闲聊。继而斯可罗多夫斯基先生开始背诵或朗读诗歌，儿女们听得聚精会神。玛丽凝神注视着这位教师：他已经有些秃顶，那略显灰白的胡子使他的整张脸看起来温暖而和蔼；他口才非凡，将这些名著名篇诵读讲述得绘声绘色，令人钦佩不已。美丽的神话、有趣的游记、动人的小说《大卫·科波菲尔》、波兰诗人的爱国诗篇……只要打开书，那里面的精彩就像从斯可罗多夫斯基先生心底流淌出来。从那个熟悉的富有魅力的声音中，玛丽知道了很多很多。可如今，这个声音变得嘶哑了，但依然慷慨激昂地高声朗读着《塔杜施先生》中气壮山河的长篇独白和《科尔第安》中的沉痛诗句。

玛丽暗自庆幸：幸亏有这样一位父亲，自己才能在良好的家庭氛围中发展才智，才没有在幼年丧母的时候沉溺于愁苦哀怨。因为父亲倾心倾力地引导和努力，她的生活才变得如此丰富有趣、生气勃勃；同样，也正是透过这些努力和关切，玛丽洞悉到了父亲平静的外表下隐藏的痛苦和寂寞——失去妻子的悲哀，独自养育子女的劳累，屡受迫害的郁闷以及那因为失误投资而久久困扰、挥之不去的懊悔与自责。至今，父亲还会偶尔在不能自制时诉苦：“我怎么会损失那笔钱的！我原想给你们最好的教育，让你们旅行，然后送你们到国外去留学……就这样，我把一切都毁了！我没有钱，我不能帮助你们；不久，我还要连累你们。你们将来怎么办呢？”这个教师忧虑痛心地叹息着，望着自己的儿女们，似乎在等待他们说几句埋怨的话。可是，在油灯光摇曳映照下的 4 张年轻面庞上，找寻不到一丝怨气，孩子们是那样生气勃勃，闪耀着热切和希望，面对这位伟大的父亲，露出的永远是感激和勇敢的微笑：“我们都年轻，我们都强壮！”

为理想而奋斗

孩子们都能够深深理解父亲的痛苦，明白这种痛苦最现实的原因就是经济拮据。作为这个家庭的经济支柱，父亲一边承担教职，一边照顾寄宿生，独自苦苦支撑数年，如今，他已经年老体衰，即将退休，他那微薄的工资也要随之缩减成可怜的养老金，这些钱只够交房租，支付伙食费和一个女佣的报酬。这意味着，他的孩子们现在需要自己去谋生了。对于生活在这样一个特殊年代里又接受了斯可罗多夫斯基家庭严格高尚的教育的年轻人来说，生活的意义绝不只是生存，他们还想在成长的道路上昂扬前行，还要继续求学深造，直到有一天他们有能力为祖国而工作——这就是小斯可罗多夫斯基们高尚而务实的理想，他们要为这个理想而奋斗。

每个人人生理想的确立都需要一个或长或短的过程，用它来不断探索、修正自己理想的内容和实现的途径，同时，这个理想还必然地属于他的时代。玛丽与当时几乎所有的波兰年轻人一样，被许多梦想所激励，其中最重要的当然是民族梦。因此，在玛丽的人生规划中，为波兰服务的愿望总是在个人抱负之上，在恋爱、结婚等个人生活之上的。她耳闻目睹了各种为理想献身的方式：有人崇尚对统治者的暴力斗争，有人推崇对敌人的论战鼓动，更有人坚信宗教的神秘力量。她的朋友中不乏勇于牺牲的爱国志士。她钦佩他们的勇气，有时候甚至把自己的护照借给他们，但以她冷静的性格，她并不认为一两次的暗杀能够解决根本问题。她更不相信宗教的神秘力量，尽管因为习俗的缘故，她还不得不谨守着天主教的规矩，但是，她对上帝的虔诚已经随着母亲和大姐的离去而慢慢动摇和消释了。她延续着幼年时期对物理仪器、对知识的热爱，时刻关注着科学的发展以及由此带来的认识论和方法论的跃进。于是，她与她所隶属的“知识界”有着更切合实际的想法、更长远的目光和更具耐心的行动。他们共同认为：波兰人应该抛弃那些“于事无补的空想”、毫无效果的悔恨以及无组织的冲动，从而以一种最为现实有效的方式——踏踏实实的工作，来为波兰创造巨大的智力资本，因为当局要竭力使波兰人愚昧，而他们就是要发展人民的教育。玛丽确信：要建立好的世界，必须首先从个人、从自己开始做起，个体要努力做到尽善尽美，同时履行好社会责任——去帮助那些需要帮助的人们。

玛丽和二姐布罗妮雅、三姐海拉以及同伴玛丽亚·拉科夫斯卡热心地参与到她们认可的这种特殊的斗争形式中。她们秘密加入了“流动大学”的定期聚会。聚会一般选在私人住宅举行，一些热心仁厚的教师为渴望知识的青年们讲授解剖学、博物学、社会学，以期弥补他们中学毕业后知识的欠缺与不足。学生们一起写笔记、传阅小册子和论文，然后他们再深入到工厂乡镇，在平民妇女中充当知识的传播者。玛丽常常为一个缝纫工厂的女工们朗读，并且一本一本地搜集了许多波兰文书籍，建立了一个小型图书馆，供女工们学习和使用。

可以想象，一个 17 岁的年轻姑娘是抱着怎样的热忱投入到这项有意义的工作中的。这种热忱中混合着浓厚的民族意识、人道主义思想和对学习的热望。她忙于在城里教读，在工厂讲课，秘密地学习知识，一有余暇就把自己关在屋子里发奋读书或写作。她生气勃勃，甚至还剪去了长发。同时，她必须十分冷静与谨慎，因为一旦被警察发现就有被逮捕的危险。

但是，这样的学习远远无法满足玛丽强烈的求知欲望，因为华沙的大学不招收女生，她始终梦想着走几千里路到巴黎的索尔本大学去，坐在那知识的殿堂中尽情地汲取知识的营养。而现实是残酷的——家庭根本无力承担这笔巨大的费用，不仅是自己，就连亲爱的姐姐布罗妮雅也在遭受着同样的煎熬。布罗妮雅自从中学毕业就开始精打细算地操持家务，却始终无法放弃自己的梦想——去巴黎学医。为此，她俩毅然加入了华沙城成百上千找工作的青年知识分子的行列——坚持不懈地做着每小时半卢布的廉价的补习教师的工作，穿街过巷赶在约定的时间前到达，面对不听话或懒惰的学生，忍受着辛劳和卑屈。就这么一点点积攒，梦想着终有一天攒够求学几年所需的全部费用——这一天的到来显然遥遥无期！

玛丽看着姐姐的愁容无比心痛，作为最小的妹妹，在母亲和大姐去世后，二姐布罗妮雅的友爱给予她母亲一般的帮助。此时，对布罗妮雅的感激与爱使她深感对布罗妮雅的前途负有一种不可推卸的责任——她必须帮助二姐实现夙愿。于是，在经过深思熟虑后，玛丽向二姐郑重地提出了自己的计划。

一天，布罗妮雅正为千遍万遍计算过的学费一筹莫展。玛丽轻轻走到她的身边，慢慢坐下来。为了让姐姐能够安心接受，她必须字斟句酌："布罗妮雅，我和父亲商量了一个解决问题的好办法！"

"办法？"

“我们看看,你现在节省下来的钱能用多久?”

“我的钱够旅费和医学院一年的学费。可是,医学院得5年才能毕业啊!”

“是啊!布罗妮雅,像这样攒下去,也许永远也去不了了。我想,我们得联合起来。如果我们各自奋斗,那谁也不能离开!按我的计划,最晚在秋天,只要再过几个月,你就可以去巴黎了!”

“玛妮雅,这不行,你疯了吗?”布罗妮雅似乎完全明白了玛丽的意思。

“哦,布罗妮雅,我没疯,你听我说。最初,你用自己攒的钱,以后,我和父亲都会设法给你寄钱,直到供你读完大学。这样很好,我也可以为我自己攒些学费了。等你学成做了医生,就轮到我去巴黎,到那时就安心接受你的帮助。这样多好!”玛丽故作轻松兴奋地描述着。

此时,布罗妮雅的眼睛里已经噙满了泪水,她望着妹妹微笑的脸,这个美好的计划将让她付出长达5年的辛苦和劳累,自己如何忍心呢!“不行,玛丽!再说,你把赚来的钱全都寄给我,哪里还有余钱积蓄呢?”

玛丽用发亮的眼睛望着姐姐,把握十足地说:“这就是我这个完美计划的重要所在了!我要去做全职的家庭教师,供

给食宿，没有什么开销，一年有 400 卢布的工资，哦，也许还可能再多些！瞧！这样就全都解决了！所以，你别担心了！放心地去巴黎吧！”

“玛妮雅！不行，无论如何我也不能答应。”布罗妮雅深情地呼唤着玛丽，她知道现实绝不像玛丽描述的那样轻松完美。她太了解妹妹是如何地热爱学习，更了解这项长达 5 年、枯燥没有新意的工作会多么令人难以忍受！5 年的青春年华将在这样的生活中流逝！而这一切都是为了自己！“为什么是我先走呢？玛丽，还是你先去吧！你天资聪明，学起来比我轻松得多，很快就会成功的。”

玛丽虽然做好了耐心劝说的心理准备，但是布罗妮雅的话还是让她有些着急了：“布罗妮雅！你怎么这么糊涂！你已经 20 岁了，我才 17 岁啊！为了家，为了我们，你已经等得太久了。而我还年轻，有的是时间。父亲也是这么认为的。哦！别再固执了！想想看，等你毕业从医后，我就等着你用金子把我埋起来呢！”

布罗妮雅再也无法忍住泪水，她紧紧地拥抱住了亲爱的玛妮雅……

家庭女教师

1885年9月的一个早晨，玛丽默默地坐在华沙一间职业介绍所的前厅里，等待着面试。她在仅有的两件衣服里选了一件最朴素的，把刚刚留起来的头发用发针紧紧地扣在帽子底下，这一切都是为了使自己看上去更为端庄、平常。看见10分钟前还和自己一同等待的女孩满脸失望地从办公室走出来，玛丽不禁有些紧张，她小心地走进屋里，机械地将一小卷证明文件和信札递到面试官手中，并准备好接受对方专业眼光的审视。果然，文件里显示着她有足够的资格从事教师的工作：精通英、德、俄、法、波兰几国文字，得过金质奖章，在教师家庭中长大等。面试官满意地点点头，告诉玛丽："谢谢你，女士。有了机会我就会写信给你的。"

就这样，不久后，玛丽如愿得到了一份工作——在一位律师家里当家庭教师。之前，天真而富于幻想的玛丽就已经准备好将自己的所有热忱投入到一个普通的波兰家庭，希望遇见善良的主人、可爱的孩子，准备着像对待家人一样去亲近他们、爱护他们。可是，一切令她失望，过程和结果都完全超出了她的想象。对她来说，那是如同地狱般的生活——主人十分冷淡和吝啬，甚至舍不得点油灯，却把钱用在玛丽认为根本不值得的地方，平时谈论的话题总离不开家长里短和对他人的非议与诽谤。这样的人、这样的家庭是玛丽 17 年的人生经历中不曾遇到过的，准确地说，只在小说里读到过。这与她的家庭、她的修养格格不入。也许是因为她的哥哥姐姐们太过优秀，使她 17 年来都不曾体会到自己有多么出色。然而，当她猛然间进入到这样一个资产阶级家庭，真真切切地生活在这些“被财富毁了的人”中间，才从心底为自己的家庭和所受的教育感到自豪——即使面对主人的埋怨和批评，也能够毫不放在心上，甚至流露出一种轻蔑的态度和一种天真的骄傲，就像中学时代面对梅叶小姐一样。因为她坚信，他们并不属于同一种人。

这种情况使她产生了一种深深的失望，她原指望在华沙、在不离开父亲、不离开“流动大学”的情况下可以赚到数目可观的钱。现在，她不得不大加修改自己那太过理想化的原计划。为了布罗妮雅，也为了自己灵魂的解放，她决定远走他乡，平生第一次离开她熟悉的一切，到一个陌生的地方，去过完全独立的生活。对于 17 岁的玛丽来说，不得不说，这需要莫大的勇气。

“哦,没关系!那里薪金比较高,一年有500卢布,到那种偏僻的地方,应该没什么需要用钱!乡下,那里的空气一定很新鲜吧!”她在脑海里依照兹窝拉乡村的模样描绘着自己即将工作的地方,不停地这样自我安慰着。

1886年1月1日,玛丽在严寒中启程。这一次,不是去参加“库立格”,而是去接受命运又一次的严酷挑战。她别离了父亲,坐上了火车。望着父亲的身影渐行渐远,她被一股莫名的巨大孤独感吞噬着,这是她一生中最为残酷的日子之一。她的脑子乱极了:“万一新的雇主和从前的雇主一样,该怎么办?如果,自己离开后,父亲生病了,该怎么办?自己不会是做了一件很蠢的事情吧!……”无论怎样擦拭,泪水始终模糊着双眼……

在寒冷寂寥的冬夜中,玛丽经过了3个小时火车、4个小时雪橇的不停颠簸,终于到达了目的地——田产管理人Z先生的家门前。她疲乏至极,甚至没有精力再去恐惧无法预知的未来。

这里与她想象的完全不同,窗外没有蓝天、草地和森林,有的是工厂高耸逼人的烟囱、遮蔽天空的浓浓黑烟、广漠单调的甜菜地和流着污水的小河,丝毫不能与令她魂牵梦萦的兹窝拉相提并论。唯一能使玛丽聊以自慰的是,Z先生一家人还不错。Z 先生是个著名的农学家，精通新技术，管理着200 公顷甜菜的种植。他的夫人虽然脾气不好，有些难以相处，但是以玛丽随和的个性，也赢得了她的喜爱。家里的 3 个儿子均在华沙上学。大女儿布朗卡 18 岁，由于年龄十分接近，也同样拥有着非凡的热诚和决心，拥有良好的判断力，所以很快就成为玛丽的好友。二女儿安霁亚就是玛丽的学生，尽管她有些散漫和娇纵，但总体上还算是个听话的孩子。另外，还有 3 岁的斯塔斯和仅有 6 个月大的玛丽史娜。这的确是个子女众多的大家庭。

玛丽开始了她按部就班、循规蹈矩的“模范生活”：每天早上 6 点起床，工作 7 个小时，其中 4 个小时和安霁亚在一起，3 个小时和布朗卡在一起。有时会一边和安霁亚谈话，一边做些针线。到了晚上 9 点，就可以专心地读自己的书。当然，严格地说，寄人篱下的家庭教师是没有自己的时间的，必须应主人的需要随时改变——陪安霁亚的教父下棋，在玩牌人不够的时候凑上一手，等等。每个周日、每个节日，她都会去教堂，从不找任何借口推脱。总之，玛丽遵循着普通的规矩和所有一个家庭教师应守的礼节。

玛丽尽可能地不放松自己的学习。在极为有限的个人时间里，她如饥似渴地读书学习。丹尼尔的《物理学》、斯宾塞的《社会学》、保罗·柏特的《解剖学及生理学教程》……她总是同时读几种书，担心自己因为只研究一种东西而使宝贵的头脑变得迟钝。实在疲倦的时候，就用做代数或三角习题来集中自己的精神。正是在这样长时间孤独的学习中，玛丽慢慢找出了自己真正的兴趣所在——数学和物理学，并养成了独自用功的习惯。同时，她也明显感觉到这种单枪匹马式的研究困难颇多，毕竟在中学里受到的科学教育是不完备的，在乡村要得到各种书籍十分不易，也缺乏教师的指导和劝告。

内心孤寂时，每一点时间的流逝都无异于一种残酷的折磨，尤其是对玛丽这样一颗聪慧跃动的心。她竭力压抑，此时的未来使她几乎无法看到希望，计划实现的可能性实在是微乎其微。是啊！在这样的境地和生活中，还如何能让这位年轻的姑娘始终保持着超人的信心？她时常在理想与现实的矛盾中痛苦挣扎：有时想干脆放弃一切，但更多时候又以发狂般的英勇气概去拼命奋斗！

更为可贵的是，在如此担忧自己前途的同时，玛丽依然未能抛弃自己高尚的社会责任。当她看到那些每天在泥泞道路上奔跑的衣衫褴褛的农村孩子们，看着他们天真而又愚钝的脸，使她想到了自己的工作——一个知识分子的使命——要设法让这些幼稚的头脑觉悟自己的民族语言和民族历史的美。她的想法立刻得到了布朗卡的赞成。玛丽不得不冷静地告诫她:“我们必须小心,如果被人告发,我们就会被放逐到西伯利亚去!”

勇气具有的感染力是巨大的。通过谨慎地宣传,她的想法得到了家长的同意,小小补习学校开学了。玛丽的房间有一条单独的楼梯通往院子,于是,这里就成了上课的秘密地点。玛丽做完了一天的事情,连忙回到屋子里等待,等外面传来小靴子夹杂着赤着脚踏在楼梯上的声音,她知道学生们来了。她甚至在自己那宝贵的积蓄里取出钱来给孩子们买了练习本和笔,并且完全不介意这些孩子们身上发出的怪味道。玛丽能看到孩子们眼中焕发出的热烈愿望。当他们明白了自己在白纸上写出的字有着何种意义而发出了自负的欢呼时,玛丽坚信这些人里一定藏有天才。但是,她又不禁感叹,面对这样愚昧的海洋,自己显得多么软弱无力啊!

忍耐与逃脱

家庭教师生活在平淡与寂寥中度过了两年，转眼玛丽快19岁了。她在忍耐中甚至没有发现自己已经有了一种超凡脱俗的美丽。这个优雅鲜艳的少女有着白嫩的皮肤和好看的鬈发，纤细的手腕和脚踝更加凸显了她的窈窕身姿。她的脸虽然称不上完美无缺，却很引人注目：嘴巴的轮廓勾勒出自然的曲线，灰色的眼睛在长长的睫毛下深陷进去，更加显得她的眼睛很大，目光惊人的犀利。最重要的是这位少女从不幻想着以貌取胜，她那谦逊的品格和她多才多艺的表现相得益彰，使她更具迷人的魅力。Z先生的长子卡西米尔不由得被迷住了。

卡西米尔从华沙回到家中度假，突然发现家中这位新来的家庭教师是这样的与众不同！她聪明娴雅、舞姿优美，划船溜冰，无所不能，甚至在大家兴致极高的时候能即席赋诗，满身散发着熠熠的光华。他禁不住爱上了她！他大胆地向玛丽表白自己的爱情。玛丽那孤寂而又容易感动的心弦被拨动了，也禁不住爱上了这个英俊的大学生。从此，他们总是热切地盼望着每一个假期的到来。最终,他们计划结婚。一切看上去顺理成章。他们也没能预见会有什么阻碍。玛丽是受全家人喜爱的家庭教师:Z 先生常与她一起在田野里长途散步;Z 夫人怜惜她;布朗卡崇拜她;Z 家人对她甚至她的家庭似乎特别恭敬,还几次邀请过她的父亲、哥哥和姐姐到家中做客;遇到生日,还会像对待家人那样送给她鲜花和礼物。这些都使他俩毫无顾虑地向父母提出了结婚的请求。可是,结果完全出乎意料!

Z 先生大发雷霆,Z 夫人几乎晕了过去。他们完全不能接受这个现实,他们引以为豪的长子居然选中了这样一个不名一文的女子,一个穷得不得不在别人家里做事的卑贱的家庭教师!以他的条件,完全可以娶到当地门第最好、最有钱的女子!简直是疯了!顷刻间,以金钱划分的社会界限树立起来,不可逾越。玛丽的一切优越、优秀、优良的条件全都被“贫穷的家庭教师”取代了,一贯高昂的内心此时却被这些人所轻视和践踏,她痛苦极了。而卡西米尔受了父母的教训后,不敢违抗、不敢申辩、不敢顶撞,更不敢坚持些什么,懦弱的本性表露无遗,什么也没有说,便返回了学校,留下了独自伤心的玛丽。

玛丽的心情差到了极点,她只能保持最大程度的冷淡与沉默，忍耐再忍耐，以一种得过且过的心态等待着最终不堪忍受的时候，甚至做好了告别尘世的心理准备。但是，玛丽是坚强的。在这样巨大的打击下，她没有解释，没有争论，更没有选择离开。她不能仅为自己活着——不能使父亲不安，不能丢弃这样好的工作，布罗妮雅还在等着她每月 15 卢布的汇款。她决定，忍受屈辱，像什么也没有发生过一样，恢复原来的生活。

恋爱结果的不幸、求学梦想的渺茫、经济情况的拮据，所有的一切，玛丽独自忍耐，她甚至不愿向家人倾诉，不愿他们为自己担心。

又一年过去了，斯可罗多夫斯基先生正式退休，在拿到养老金之后，接受了一个既讨厌又麻烦的工作——管理儿童感化院。他完全不忍心看着自己的儿女们为生计前途而辛苦挣扎。他用薪水供给布罗妮雅求学。布罗妮雅做的第一件事就是告诉亲爱的妹妹玛丽，从此不必再寄钱给自己，并且恳求父亲从给自己的 40 卢布中扣除 8 个卢布，用来归还玛丽这 3 年中对她的倾心付出。从这时候起，玛丽自己的财产才实现了零的突破……

玛丽在 Z 先生家的教师工作在 1889 年行将结束，她庆幸生活终于可以有一些改变了！她十分担心这样僵化的生活再持续下去,会让自己的大脑停顿下来。她决定前往新的雇主家——位于波罗的海海滨城市索泊特的F先生家。与Z先生的风格迥然不同,F先生全家对玛丽赞赏有加,称她为“非凡的斯可罗多夫斯卡小姐”,玛丽也平生第一次见识了什么是奢华的生活,当然,她不会有丝毫的动心,这根本不是她的志向所在。

这时,玛丽突然收到了布罗妮雅的来信,告诉她自己很快要结婚成家,婚后她将承担玛丽一年的吃住,要玛丽做好赴巴黎求学的准备!听到这样的消息,恐怕谁都会认为玛丽会欣喜若狂!可是,事实并不是这样。几年远居他乡的生活使玛丽变得顾虑重重,父亲年迈体衰,哥哥准备结婚,海拉需要工作,所有让她牵挂的人此时都需要她的帮助!这时候,她不能离开!不管布罗妮雅如何劝说和争辩都无济于事,因为她现在也无力解决根本问题。

就这样,玛丽抑制住了内心强烈的渴望,继续履行了F先生家的聘约后,回到华沙。父亲最近辞去了感化院的工作。玛丽需要继续工作,继续赚钱,最终去实现自己的梦想。不过,玛丽此时的内心是幸福的:虽然没能立刻前往巴黎,但回到了家,回到了父亲身边,玛丽又可以和这位老教师进行有趣的交谈,甚至“流动大学”又对她敞开了神秘之门。这一切都使她重获新生。当然,还有一件意义重大并且令她感到无比快乐的事情,那就是她生平第一次有机会进入了实验室!

这间以“工农业博物馆”的虚名为掩护的实验室位于克拉科夫大道66号。玛丽的表兄是这里的负责人。玛丽如饥似渴地利用一切可能的机会尝试做她看过的物理、化学书中描述的各种实验。当她用手触摸着那些静电仪、试管和天平的时候,儿时的夙愿终于实现了。当她每天恋恋不舍地离开实验室回到家中时,都兴奋地在床上辗转反侧,难以入眠。冥冥之中,她已经重新结牢了自己的生命之线——命运也许注定她必将在这些美丽的仪器中间大放光华!

1891年,玛丽有了一次与卡西米尔——她的初恋爱人重逢的机会。实际上,玛丽一直相信自己还依稀存在着一种扯不断的牵挂,相信自己仍旧爱着卡西米尔。如果与卡西米尔结为伴侣,也许她就不会再离开华沙了。可是,卡西米尔犹疑和恐惧的态度彻底斩断了玛丽的这些牵绊。

她决定不再压抑自己迫切的心情,结束自己漫长的等待和忍耐!她中学毕业8年,做了6年的家庭教师,她已经是一个24岁的姑娘!时不我待,忽然,她大声地向布罗妮雅求助!她要去巴黎实现她那压抑已久的梦想!

接下来，玛丽开始了急切而又繁琐的准备：计算自己仍旧十分可怜的积蓄；买了最便宜的德国四等车厢的车票；听从布罗妮雅的劝告，带上了所有想到的可能需要的东西，以避免到巴黎后不必要的开销。

终于，被褥、硕大的行李箱子已经托运。玛丽带着一些粗重的包裹登上火车，可怜的车厢里空荡荡的，只有些窄而硬的长凳。用事先准备好的折叠椅占好了位置，安置好了行李，玛丽连忙下车与父亲告别。

她情绪激动，上前拥抱着父亲，满怀内疚地向父亲保证："我不会离开很久的……两年，至多三年！学业一结束，我就会立刻回来，我们还住在一起，而且永远不再分离……"

斯可罗多夫斯基先生发现眼前这位饱受磨难的姑娘的眼睛里闪烁着异常的光辉，样子显得多么年轻！他把年轻的女儿紧紧地搂在怀里，嘶哑着声音喃喃地说："是的，我的玛妮雅，快点回来。好好用功，祝你好运！"

玛丽终于踏上了她渴望已久的旅程，她蜷缩在折叠椅上，心里却有着无限的快乐！她绝对不会想到，当她决定登上这趟列车的时候，就已经在光明与黑暗之间作了最终的选择，就已经在毫无变化的平庸岁月和广阔生活之间作出了最后的选择！

发奋求学的日子

经过了漫长艰苦的旅程，玛丽终于在浓烟滚滚的巴黎车站下了车，住进了布罗妮雅的家里，开始了她艰苦的求学之旅！

每天清晨，玛丽夹着她在“流动大学”时用过的旧皮包，早早地出了门。她匆匆登上一辆3匹马拉的双层公共马车，在剧烈的摇晃和颠簸中爬上票价最便宜的顶层，尽管冬日的冷风吹得脸都快冻僵了，但是她毫不介意，依然伸着脖子贪婪地欣赏这巴黎的街景：路伸向远处，似乎没有尽头；大道两旁，是一家挨着一家的店铺，也许是时间还早，都黑洞洞的关着门，显得十分阴郁；空气中充满了灰尘的气息。啊！这眼前的一切就是巴黎——她朝思暮想的巴黎！这并非美景，不过，这又有什么关系呢？在玛丽的眼中，这里的人们多么年轻，多么有力量，多么繁忙，多么令她舒畅！她有了一种从未有过的、不可思议的解脱感，觉得双肩也舒展了，五脏六腑都觉得舒服，这自由国度的空气给她送来了百倍的能量！这是她二十余年来向往的自由：人行道上的人们自由地说着他们想说的语言；书店里不受限制地陈列着世界各地的书籍；最重要的是，眼前的这样一条通向市中心的大道，正引领着她走向一个自由的知识殿堂——索尔本！她感觉自己并非坐在寒冷颠簸的公共马车上，而是魔棒挥舞之下的南瓜车，正把自己这个幸运的金发公主由贫寒送往她梦里光明的圣殿！她依靠自己顽强的努力，用自己一卢布一卢布攒下的钱取得了这里正式的听课权利，现在，她能够在所有的课程中任意选择自己喜欢的尽情学习，终于，她在实验室里有了属于自己的位置。而今，她再也无须盲目地摸索运用各种实验仪器，站在她面前的是巴黎，甚至世界上最具盛名的教授和学者，她可以亲切地与他们面对面，近距离地聆听他们的教诲。这一切多么令人幸福！因此，她心无旁骛，为学习付出了自己所有的心思，根本无暇去拥抱和了解一下这个世界著名的城市！

布罗妮雅和她的丈夫都想尽力给玛丽更多的物质帮助，使她的学习生活开始就显得轻松快乐！布罗妮雅是个经验丰富的主妇，她在中学毕业以后的许多年中都负责料理家务和照顾寄宿生。她的厨艺甚至远近闻名。丈夫德鲁斯基大夫是个能力非凡的人，他有过革命政论家的经历，虽然现在转而学医，可大名依然挂在法国外交部的黑名单上，使他至今无法获得在巴黎定居的权利。这个活跃而富有生活情趣的人，性格外向，热情好客，还弹得一手好钢琴！他无比的活力感染着玛丽，她常不得不放下手中的书本，被拉着一起去为一个无名钢琴家捧场、参加波兰学生的聚会和圣诞餐会，甚至加入戏剧表演。这时的玛丽完全变成了另外一个人！尽管玛丽如此投入，尽管她也认为这些活动颇有意义，可是，不得不承认，玛丽真正的兴趣还是在学校里。她丝毫不想浪费自己靠付出青春年华换取的宝贵学习时间。在索尔本的校园里，玛丽总是穿着朴素的旧衣服，脸上始终保持着沉静严肃的神情，目不斜视，根本没有兴趣去理会那些追随的目光，也没有时间交更多的朋友。她考虑再三，决定离开布罗妮雅那充满温情、勇敢和善意的家，搬到离学校较近的地方，开始自己独立的奋斗。

玛丽决定在未来的 3 年中全心致力于学习，这才是符合她梦想的生活！为此，她完全自愿地放弃了布罗妮雅家供给的食宿，由自己承担所有的生活学习费用。她不得不将自己的积蓄和父亲每月寄来的 40 卢布一小笔一小笔地作出精心的安排，才能足以支付学费和她最便宜的房租、最节俭的生活和最简单的饮食——其实，这些钱对于一个在异国他乡求学的女子来说是根本谈不上足够的！可是，玛丽简直无所不能！

她左挑右选，选中了一处住房的阁楼——一间类似于仆人的住房。这里低矮而狭小，仅能从斜屋顶的一个天窗投射进一些光线，没有火，没有灯，没有水。玛丽在这个狭小的空间里摆放了自己所有的家当：一张折叠床，上面铺着从波兰带来的褥子；一个火炉，一张木桌，一把椅子，一个脸盆，一盏煤油灯，一个用来打水的水桶，一个做饭用的酒精炉，一把水壶，三个玻璃杯；再有，就是当初装行李的大木箱，现在它身兼数职，既是她的衣橱、五斗柜，拉出来又成了凳子。新的住处离学校近一些，就省下了交通费。玛丽每天步行来回，风雨无阻。

玛丽省吃俭用到令人吃惊的程度！一个冬天，她仅用了两袋煤球，因此她那火炉简直就是一个摆设。当冷得难以入眠时，玛丽就爬起来打开她那口大木箱，将所有的衣服都拿出来，把能穿的都穿上，其余的堆在被子上，甚至把唯一的椅子拉过来，压在成堆的衣服上，好让自己有一种厚实和温暖的幻觉，然后一动也不能动地等待进入梦乡。白天全部在学校里度过，甚至到了晚上，她也赶往图书馆避难，因为那里有煤气灯，温暖而又明亮。直到晚上 10 点图书馆关门，玛丽才无奈地离开。屋里的油灯要从 10 点半亮到凌晨 2 点，直到疲倦得双眼通红，玛丽才放下书上床休息。玛丽在家务方面的唯一专长——针线活此时也派上了用场——不是缝制新衣，而是反复地修补旧衣服。她决心要把从华沙带来的衣服一直穿到毕业。至于饮食，玛丽更是简而又简！她从不舍得花上一个法郎和宝贵的半小时时间去做一碗热汤，更不用说花时间去饭馆，那都太奢侈了！一连几个星期，她只吃抹了黄油的面包，喝点茶；实在想改善一下伙食，就去便宜的小餐馆吃两个鸡蛋，或是给自己买一块巧克力糖、一个水果。由于严重缺乏营养，这个来时满面红光的健康女子很快就患上了贫血症。时常在书桌前一站起来就头晕，刚刚走到床前躺下，就完全不省人事。

一次，玛丽又在学校晕倒了，被同伴送回住处，并叫来了姐夫德鲁斯基大夫。德鲁斯基大夫平时就发现玛丽气色不佳，每次询问，总是被玛丽以“过于用功”来搪塞。如今，他站在玛丽空荡荡的家中，找遍了所有的地方，找到的唯一可以食用的东西就是一小包茶叶。他忽然明白了，开始盘问起玛丽：“你今天吃了哪些东西？”

“今天？……哦，让我想想……我好像刚吃完午饭吧！”玛丽支支吾吾。

“你的午饭吃了些什么？”德鲁斯基大夫追问。

“嗯，一些樱桃，还有……还有一大堆东西……”

最后，玛丽不得不说出了实话：从前一天晚上起，她只吃了一些小萝卜和半磅樱桃。她用功到清晨3点，睡了4个小时，就赶往索尔本上课。等她回到家里，吃完剩下的小萝卜，就晕倒了。

这个医生气得简直说不出话来。他生玛丽的气，也生自己的气。他曾向斯可罗多夫斯基先生保证过会照顾好这个“小东西”，可如今她却连肚子也没有填饱。他毫不理会玛丽的抗议，一把抓起外衣和帽子塞进她的手里，要她带齐下周要用的书本、笔记，故意板着脸、一言不发地把玛丽拽回了自己家里。不一会儿，布罗妮雅就把一大盘烤牛肉和油煎脆马铃薯端到玛丽的面前，然后，满眼含泪地看着自己的妹妹一口一口把它们吃得干干净净。当晚11点钟，布罗妮雅亲自送玛丽回房间休息，并监督她关了灯。就这样持续了几天吃饱睡好的正常生活，加上适当的治疗，玛丽逐渐恢复了体力。因为惦记着即将到来的考试，玛丽坚持回到阁楼，并且信誓旦旦地答应姐姐和姐夫从此加强营养，不再节俭。

结果可想而知，一旦回到自己的天地，玛丽又毫无顾忌地开始了“放纵”的日子。她的生活里除了学习，还是学习！

转眼到了7月，考试的日子到了。经过了令人紧张的考试，熬过了等待的日子，终于等到宣布成绩的庄严时刻。这一天，所有人的名字，要按照成绩的优劣在梯形教室里宣读。玛丽和同学们挤在里面，和很多学生家属混杂在一起，等候教授的到来。玛丽被推来推去，几乎看不见前面，教室忽然安静下来，玛丽分明地听见自己的名字被第一个念了出来：玛丽·斯可罗多夫斯卡。

优秀毕业生

几年中，玛丽一心求学，她的进步几乎使自己心醉。她是那样充满自信、不知疲倦，觉得有能力学习人类已经发现的一切科学知识。她酷爱数学、化学、物理学，熟练各种科学实验的原理和技术。她迷恋实验室里专注、宁静的氛围，愿意永远站在那张放满各种仪器设备的橡木桌子前，忙着照料各种沸腾的、溶解的、结晶的材料。那件肥大的粗布工作服成为她眼中最漂亮的华服。她擅长严整缜密的操作，习惯于关注细节和沉静等待，从不爱说一句废话。在李普曼教授交予的研究工作中，她如鱼得水，尽情表现了敏锐而具独创的思想。

近乎疯狂的学习使玛丽不满足于获得一个学位，她决定报考物理学和数学两个学位。用功！用功！支持她的是一种铁石般的意志，一种追求完美的狂热情趣，一种令人难以置信的固执。她有步骤、耐心地达成了自己的目标：1893年，她获得了物理学学士学位；1894年，她又获得了数学学士学位。她的眼界和心胸在迅速扩大，对知识的渴求使她不断向自己提出挑战。她到现在还清晰地记得阿佩尔教授在课堂上的精彩演讲。那带着一点方言的字句平静而又铿锵，那洋溢着无限想象力的论证简洁明了。他犹如站在宇宙之巅的统帅："我拿起太阳来，然后再扔出去……"多么美妙神奇，这气势如虹的话语激起玛丽灵魂中无法遏制的冲动，向那无穷无尽的知识海洋前进！如今，她步履坚定！

她决心要精通法文。虽然有一定的基础，但是如很多在法国的波兰人一样，开始的时候，要流利地交流，尤其是听懂专业的授课绝非易事。玛丽从头开始，认真地学习拼写和语法，尽力改正发音，直到听起来语音柔和，说话时像个可爱的法国女子。

玛丽简直无坚不摧！

唯独使玛丽为难的就是经济的拮据，她的积蓄已经全部用光了，尽管她始终省吃俭用，也不得不为下学期的学费发愁。终于一个令她震惊的好消息传来！在朋友的帮助下，玛丽以优异的成绩在华沙申请到了"亚历山大奖学金"。整整600卢布！对玛丽来说，那曾是做家庭教师时一年半的收入！这笔钱够她在学校里用15个月！不，如果再省些，也许能用更久！玛丽是如此的感激。谁也不会想到，在时隔几年之后，在受邀参加全国工业促进协会的一项技术研究获得了一些收入时，玛丽做的第一件事就是在其中省出 600 卢布，亲自送交到华沙“亚历山大奖学金”委员会秘书的办公桌前。当秘书听她讲完这笔钱的来龙去脉后，吃惊地瞪大了眼睛，这是委员会有史以来闻所未闻的事情。在玛丽的心中，这笔奖学金不是飞来的横财，而是信用贷款，是对自己信任的凭据。在她灵魂深处，把这笔钱占为已有是不诚实的，如今，她要交还这笔钱，也许，它也立刻会成为幸运之手，去拯救某一位面临绝境的贫寒学生！

在庄严的毕业典礼上，校长慷慨致辞：索尔本大学是学习的摇篮，她的学子来自世界各地，到这个地方来汲取养分，再回到自己的祖国去，把在这里学到的知识传授给别人。法国绝不会因此而枯竭。全世界将因为你们学到的而更加富足。法国将更因为他对你们这些莘莘学子的付出而得到更大的收获！我深感荣幸地为各位介绍获得学位的同学。依照成绩高低，他们依次是物理学学士学位，第一名，玛丽·斯可罗多夫斯卡……

玛丽荣耀地结束了她的求学生活，她勇敢地对她的贫寒引以为傲，对她独立生活于异域引以为傲。

多年以后的居里夫人用波兰文写下一首短诗，用以纪念自己难忘的青春岁月：

……啊！这个女学生的青年时期过得何等顽强，
而她周围，别的青年正以一种有增无止的热情，
贪婪地把轻易得到的快乐找寻！
可是在孤独中，
她过着默默无闻却非常幸福的生活，
因为她在自己的小屋里找到了
出自她那宽广胸怀的热诚……
但是这多福的时期逐渐消失，
她必须离开科学领域，
去为衣食奋斗，
踏上生活的灰色路途。
……她那倦怠的精神，
时常回到那些屋顶下面，
回到她永远感到亲切的一隅，
那里曾经有过安静的工作，
那里还有大量的回忆……

皮埃尔·居里

玛丽由于在科学研究上的优异才能，被索尔本大学的教授推荐至全国工业促进协会参与各种钢铁磁性的研究。一个偶然的机会，玛丽在与前来巴黎举行科学讲座的波兰福利堡大学的教授科瓦尔斯基先生交谈时，提及了自己在研究中遇到的困难：由于李普曼教授的实验室十分拥挤，无法摆放玛丽所需的实验设备，玛丽一筹莫展，不知道在何处开展实验。科瓦尔斯基先生立刻想到了一个可以提供帮助的学者，决定请他们见面商谈。就这样，似乎是命运的刻意安排，玛丽得以遇见了她未来的终身伴侣——皮埃尔·居里。

玛丽对他们的相见记忆犹新：当她如约刚一走进科瓦尔斯基先生安静的寓所，就看见一个身材高大的背影站立在一扇对着阳台的落地窗前，眼睛望向窗外。玛丽猜想这位就是皮埃尔·居里先生了。听见推门声，皮埃尔连忙转过身来，轻轻地向她点头致意。他看起来挺年轻，显现出一种庄严而又温雅的洒脱风度。他的衣服剪裁得有些肥大，不甚入时，穿在身上略显宽大。他的脸很好看，眼睛温和，眼神深沉而镇静。

经过科瓦尔斯基先生的介绍，他们彼此打招呼，并开始轻声地交谈。看得出来，皮埃尔也是个沉默寡言、不爱高声说话的人——这一点倒是与玛丽十分契合。

皮埃尔以同样好奇的目光打量着眼前的这位波兰女子，在他眼里，玛丽可以算得上是一个令人惊异的人物——为了求学，只身从华沙来到索尔本；以第一名的成绩取得物理学学士学位；还打算在几个月后报考数学学士学位；她正在研究钢铁磁性！这与他 35 年来对女人形成的刻板印象大相径庭。他曾在一篇日记里非常忧郁地写道："女人都热爱生活，远远超过男人，所以天才的女性凤毛麟角。所以，当我们要把全部思想用在工作上时，我们必须与女性战斗。在这种战斗中，我们差不多永远也不是她们的对手。"

不久，他们的对话就从空泛的寒暄演变成了两个学者之间的科学对话。玛丽尊敬地请教皮埃尔一些问题，听取他的意见；皮埃尔也讲述他的研究计划，描述那些使他惊奇的结晶学现象。当他不得不运用术语和复杂公式谈论自己的研究时，无比惊讶地发现面前的这位女子不仅听得津津有味，不断地发出会心的微笑，甚至还正确而敏锐地与他讨论起某些研究的细节！

他不禁问了一个自己十分想知道的事情："你将永远住在

法国吗?”

“哦,当然不是！今年夏天,我如果能够顺利地考取学位,就会立刻回到华沙去。我要在波兰做教师,为自己的国家做点事情。波兰人没有权利抛弃自己的祖国!”玛丽不假思索地回答道。

皮埃尔明显地听出了这位波兰女子的爱国情结,却莫名其妙地有些失望。也许他太专注于自己的研究,不曾想象一位女子竟然想用自己的力量去抵制沙皇。

是的,皮埃尔是一个专注的学者。他 1859 年生于一个医生世家——祖父就是医生。而父亲为了养家糊口不得不行医,他其实更热衷于科学研究。他曾做过巴黎博物馆实验室的助手,而且写过关于结核接种的著作。皮埃尔和哥哥雅克都继承了父亲的科学天赋,从童年起就酷爱科学。尤其是皮埃尔,由于具有独立和爱幻想的性格,无法适应传统的学校训练。开明的居里大夫看出这个孩子头脑太独特,不能成为出色的学生,因此决定不送皮埃尔上学。皮埃尔先接受父亲的教导,后来跟随一位优秀的教师巴齐耶先生学习。自由教育获得了硕果。皮埃尔 18 岁就获得了理科学士,19 岁就被任命为巴黎大学理学院德山教授的助手。他与同在索尔本当助手的哥哥雅克合作开展研究,不久,两位青年就宣布发现了一种重要的现象——“压电效应”，他们发明的“压电石英静电仪”可以帮助人们精确地测出微量的电流。

1883 年，皮埃尔和雅克被分别任命为巴黎市立理化学校实验室主任和蒙特利埃大学教授。皮埃尔专注于结晶物理学的研究，并发现了“对称性原理”，这一原理成为近代科学的基本原则之一。而后，他又发明了精确的“居里天平”，通过磁性研究，得到了一项基本定律——“居里定律”。

难能可贵的是，在取得了如此多成就的同时，皮埃尔保持着一个科学工作者高贵朴素的品格：不嫌弃条件简陋的实验室，没有对低廉报酬产生不满，谢绝请求候补薪金很高的教授职位，甚至拒绝提请授予勋章——那种轻视名利的傲骨真是令人崇敬！

爱情再次降临

玛丽原打算把恋爱和婚姻永远地从生活中删除。Z 先生一家无情的蔑视和打击彻底地伤害了玛丽的自尊。她毅然决心在告别痛彻心扉的初恋后，再也不为求得他人的认同而浪费宝贵的时间。尤其是在索尔本找到自己一生的兴趣和理想后，玛丽更加坚定了自己放弃儿女情长的选择，立志全心投入自己的事业。在玛丽建立的秘密宇宙中，充满了极其严肃的情感——对科学的痴迷、对亲人的挚爱以及对祖国的眷恋。对她来说，其余的都不重要，甚至微不足道，在巴黎求学的几年中，玛丽忽略了所有青年男子炽热的目光，生活里只有无止境的学习和大量的工作。她似乎形成了一个根深蒂固的成见:在一个功利的世界中，贫穷而拿不出嫁妆的女子无权得到男子的忠诚和温情，哪怕开始的时候曾经心动。于是，她更加意志坚强地保持着独立。

但是，无论如何她也不会想到，在她为了求学苦苦挣扎的时候，在她抛弃一切杂念躲在小阁楼里奋发苦读的时候，同在伟大的索尔本，正有这样一位天才的、成就斐然的学者同样断然不相信任何女性适合自己。因为他如此坚定地认为“天才的女性凤毛麟角”，对任何漂亮的女子都不屑一顾，直到今天，35 岁的他谁也不爱。他在等待着与她相遇吗？

皮埃尔并非没有诗人般的浪漫情怀，他所受的十分特殊的教育决定了他不是一个墨守成规的人。他的雅致、独创使他完全有资格当个作家。他曾写道：“小铃儿扰乱了愿意默想的人的心智。”可是，他更钟情于科学，并且认为，为了科学，人不能屈服于生活中那些极为甜蜜的事情，比如饮食、睡眠，也包括恋爱。但是，当他遇见了玛丽，连自己都十分惊诧，这样一位与自己有着共同爱好和梦想、属于“凤毛麟角”的天才女性竟然会出现在自己的面前。他内心的纠结与矛盾豁然开朗，庆幸自己终于发现了生活与科学的和谐之道，那积蓄了多年的情感似乎要一下子倾泻出来，丝毫不亚于有了重大的科学发现。

尽管皮埃尔丝毫不想掩饰自己对玛丽的好感，但还是尽力保持着一个绅士的做派并设法接近玛丽：在物理学会会议时，见上几面，将自己的新作《论物理现象中的对称性原理：电场和磁场的对称性原理》赠送给她，并用心地在扉页上写道：“著者皮埃尔·居里谨以尊敬和友谊赠斯可罗多夫斯卡小姐。”当然，内心的爱与喜悦如何能够轻易掩饰。这位绅士先是因为研究助手——一个年轻的小伙子向玛丽大献殷勤，十分不悦；接着，一向严格要求安静的他，竟然像动情的小伙子禁不住在实验室里吹起口哨来。其实，对一般人来说，皮埃尔和玛丽的每一段对话听起来实在是晦涩难懂的，他们几乎每次都在讨论物理公式、实验条件。但是，对他们来说，每一个真知灼见胜过世界上最美妙的情话，将两个人的心紧紧地连在了一起。爱情，就这样再次悄悄降临了！

然而，玛丽始终不是一个易被感情冲昏头脑的人，现实的问题摆在她的眼前：毕业在即。而毕业之时，也正是她返回华沙、回到父亲身边的时候，她曾在离开家时，无比郑重地答应过自己的父亲，承诺过她无限眷恋的祖国。考虑到此，玛丽不得不与皮埃尔保持着应有的适当距离，她不想伤害一个自己敬重的学者。在出发的前几天，玛丽答应了皮埃尔上门拜访的请求，并打算借此作最后的告别。

皮埃尔第一次来到了她那低矮的小阁楼上。眼前这幅贫寒简陋的图景使他的内心充满了怜惜，但是，他又深感这样的环境与眼前这位姑娘十分契合、协调。玛丽衣着敝旧却神情热烈，在这样的陋室中显示出无与伦比的华美。可是那凌乱摆放的正在收拾的行李提醒着皮埃尔：如果错过了这个机会，也许他将会永远失去他的爱人，他的终身伴侣。

皮埃尔鼓起勇气，轻声地请求道：“玛丽，在回国之前，不知道你是否介意和我一起去巴黎的乡村看一看，度过最后一个周末。我的父母住在那里。我的父亲也是一个医生，我的母亲生性乐观。我想，你一定会很高兴认识他们。哦，当然了，也许你不愿意，时间很紧，你还得收拾行李，还有很多事要处理。其实，我早就想问你了，可是一忙就忘了。你一定会喜欢那里的，还记得我们聊过乡村，你在乡村曾经有过的美好回忆。我，是不是太唐突了。……你，愿意吗？”皮埃尔一口气说了很多，紧张得甚至有些语无伦次。

玛丽心潮起伏，有些情不自禁。她一边自我安慰地想，只是去度过一个周末吧，一边迟疑着说：“这个想法并不唐突。我……很愿意。谢谢你的邀请！”

皮埃尔高兴得几乎要跳起来：“那好！那太好了！”

梭镇的乡村景色果然美丽。

皮埃尔的父母亲切地望着玛丽。

“听说你很快要回波兰了？”皮埃尔的父亲问。

“哦，是的。”玛丽应道。

“波兰是个相当好的国家！”

“谢谢！”玛丽真的很高兴任何人这样赞美她的祖国。

“很可惜，我还不曾有机会去过波兰。”皮埃尔的母亲惋惜道。

“不用去就会知道，一定是个很棒的国家！”皮埃尔的父亲说起话来总是十分幽默，这句话，他似乎是对着玛丽说的。作为父亲，他十分明白儿子的心意，也很满意这个未来的儿媳。

“这就是他说话的风格，有时候，他对谁吼就是喜欢谁！他已经对我吼了一辈子了！哈哈，”皮埃尔的母亲打趣道，转而接着说，“不过，我认为你完全应该继续自己的研究，千万不要放弃。我可不是随便夸奖你的，我只是告诉你我在你脸上看到的。人的脸可以说明很多问题。看看我的先生，他可是个好人，也是个好医生。看看皮埃尔，他是个诗人，是个实验室里的诗人。再看看我，又胖又愚蠢，不过我也是个十足的好人。从你的脸上，能看得到顽强、坚定、倔强，还有智慧，还有……还有一种像火一样的热情！”

玛丽在快乐中度过了一个令人难忘的周末。明天，她就将如期返回巴黎了。她躺在床上，一遍遍重温着一天来如家一般的温暖感受。

忽然，响起了敲门声。皮埃尔站在了她的面前。掩饰不住内心的激动，皮埃尔高声说：“玛丽，我考虑再三，我认为你离开巴黎是不可能的！”

玛丽愣了一下，似乎预感到皮埃尔下面要说的话了，脸一下子热了起来：“为什么？”

“我发现自己的情况很怪，自从你离开实验室，我发觉一切都变得很混乱，我简直无法工作。简而言之，我发现没有你，我就无法继续搞研究。有一件事对我来说十分肯定。现在我想知道你的想法，我在实验室里对你有帮助吗？你这样认为吗？”

“当然，当然是的！”

“我曾经给你提供过几次建议，你觉得是否有价值？”

“是的。”

“那么，好了。尽管我一直很紧张，没有耐心，而你却刚好相反。你心里十分了解自己，固执而从不放弃。我们，是不是最佳的组合！就像氯化钠一样是一种极为稳定的化合物。这就是我们结合的基础。我们的婚姻会始终如一，温度会始终一样，组合也会一样，绝对不会分心。不会有挫折，不会有不确定，更不会有情绪化的争执！”

这就是一位天才学者的求婚，如科学论文般论证严密。

“可是……”

“我知道，玛丽。我知道你对爱情的感受，我也尊重这种感受。但是，对科学家而言，没有多余的时间恋爱。我一直认为科学和婚姻是不相容的，但是，我们可以把它们完美结合！你说是吗，玛丽？”

“我想是的。”

“至于你的父亲，我相信，如果真像你所介绍的，他老人家一定会十分赞成我们的结合。哦，至于波兰，你回去又有什么用呢？它还在沙皇的统治之下。而在巴黎，你在科学上，至少可以达成十倍的成就。”

“那我该怎么办呢？”

“按照我说的，玛丽。我坚信，我们能够共度此生，一定是十分美好的事情。拥有共同的理想，持续不断地研究。不管有多么小的发现，我相信，都会加深我们的友谊和相互的敬意。我们一定会幸福的。”

玛丽被皮埃尔的一番话深深打动了，她望着皮埃尔真诚的面容，禁不住回应道：“此刻，我对你的敬意和友谊是无与伦比的。我可以想象，没有人能比你给我的未来以更多的承诺。”

“那么，你答应留在巴黎了？”

“是的，我想我已经决定了。”

“谢谢你，玛丽！”

幸福的结合

1895年7月26日，玛丽最后一次在自己的小阁楼里醒来。天气好极了，一如玛丽的心情——今天，斯可罗多夫斯卡小姐就要成为皮埃尔·居里夫人了。她的脸看起来如此美丽，露出新娘娇羞的神态，这是那些看惯了她严肃神情的同学们从未见过的。她细心梳理好那可爱的鬈发，穿上了她的结婚礼服——绝对是崭新的，但也绝算不上礼服。这是姐夫德鲁斯基大夫的母亲赠送的结婚礼物。在玛丽的强烈要求下，裁缝依照他的想法，把本该华丽的结婚礼服做成了这样“一件衣裳，一件深色的、实用的，将来可以穿到实验室去的衣服”。但是，这也是玛丽若干年来穿上的第一件新衣服，非常漂亮：一套海军蓝的毛料衣裳和一件蓝底浅蓝条纹的上衣，让玛丽显得如此年轻和光彩照人。

这是最简朴的婚礼，但很合玛丽的心意。没有白色婚纱；没有纯金戒指；没有宗教仪式——皮埃尔是个自由思想者，而玛丽也早已不再遵循教规；也没有公证人，无须公证什么，这对新婚夫妇的所有财产就是一位亲戚赠送的两辆自行车。

这是最美妙的婚礼。所有参加婚礼的人都抱着极为真诚且饱含祝福的心，绝没有漠不关心的人，更没有心怀嫉妒的家伙。在梭镇皮埃尔父母的花园里，亲朋好友们精心装扮了婚礼的场地。布罗妮雅夫妇来了，大学里最亲近的教授、朋友来了，斯可罗多夫斯基先生和海拉也从华沙赶来了。所有的人都奉上了最真诚的祝福。

斯可罗多夫斯基先生还是那样有风度。他用最纯正的、最文雅的法语和老居里先生交谈着，认为自己的言谈举止如何是一件颜面攸关的事情，这代表着斯可罗多夫斯基家族的涵养，甚至代表了波兰人的形象。可他也忍不住向亲家夸起了自己的女儿：“你会发现玛丽是个值得疼爱的女儿。自她降生以来，她从没有使我痛苦过。”说着，骄傲自豪的神情溢于言表。

所有人翘首以待，等待着新婚夫妇的到来，想象着他们幸福的表情。

此时，皮埃尔正来到玛丽的住所迎接他的新娘。他们要一起去卢森堡车站乘车前往梭镇举行结婚仪式。灿烂的阳光下，他们攀上双层公共马车的顶层，并肩坐着，俯瞰他们熟悉的圣米雪儿大道，脸上幸福的表情一点也不亚于盛大婚礼上的国王与王妃。在经过索尔本大学理学院门口时，玛丽情不自禁地将爱人的胳膊挽得更紧了一些，同时，她也分明地看见皮埃尔的眼中放射出明亮而平静的光芒。

热闹而简朴的婚礼仪式后，皮埃尔和玛丽留下了一张特别的结婚纪念照：在绿草茵茵、鲜花盛开的庭院中，两位幸福的人各推着一辆自行车，准备出发开始他们别具一格的蜜月旅行——单车郊游。

他们在自行车的载物架上绑上极为简单的行囊——几件衣服、一些食物，还有两件胶皮长斗篷，准备尽情地享受浪漫多雨的法兰西。他们骑着车漫游，吃一点面包、干酪、梨和樱桃当做午餐，晚上就随意投宿到一个陌生的小客店，满足于在晚餐时喝上些浓汤。夜深时，他们相互依偎，推开窗，享受乡村特有的犬吠虫鸣。遇到丛林或岩石，他们索性丢下自行车，徒步前行。

皮埃尔和玛丽一样都是那样酷爱乡村，酷爱这种安静的、有节奏的散步。他可以在这样的节奏中思考，这就是他最好的休息。他不喜欢受到约束和安排，参加那种预定好行程的旅行，甚至认为没有什么常规不能被打破——完全可以在白天休息，夜晚行进！也完全不必要在固定的钟点吃饭！他从小时候起就习惯于在任意的时候离开，3 天抑或 1 小时后再回来，也从不挑剔夜宿的地点，那些露宿的地方常常被他视为仙境。科学家是严谨的，但是他们的成就与灵感似乎更来源于他们出众的感受和想象力。

对于皮埃尔来说，此次的新婚旅行当然要比任何一次独自出行更为甜蜜，因为他与心爱的人一起。他们在无人的小径上大踏步前进。皮埃尔高声地讲着自己在结晶学研究上遇到的困难。他根本不担心这样的谈话会不合时宜而破坏了新婚的浪漫与温馨，因为他知道与自己志同道合的伴侣正在用心倾听，并时不时地会给出一些新颖的想法和答复。玛丽也谈论着自己的重大计划——准备参加大学毕业生进入中等教育界的任职考试，这样她就可以得到允许，进入理化学校皮埃尔的实验室工作，和爱人永远在一起！永不分离！

走着走着，他们来到了一个长满芦苇的池塘边。皮埃尔看出这个安静得如沉睡了一般的池塘中蕴含着无限的生机，高兴得像个孩子。玛丽躺倒在草地上，眼望着薄云飘动的天空，陶醉地闭上了眼睛，几乎要睡着了。忽然，她感觉到自己的手上爬上了一个又冷又湿的东西，吓得叫出了声，一骨碌爬了起来。

皮埃尔笑着说：“为什么要害怕，只是一只小青蛙！”

“哦，得了，皮埃尔。”玛丽抗议着。

“你不喜欢青蛙吗？瞧它多有意思、多好看啊！”皮埃尔完全不是恶作剧，因为他从心底认为人和青蛙应该是熟识的。他轻轻地将青蛙放在池塘边上，看着它一跃入水，游走了。

玛丽舒了一口气，说：“我不是不喜欢青蛙，而是不喜欢把它放在手上。”

“那么，这些你喜欢吗？”说着，皮埃尔从身后“变”出一束美丽的野花，玛丽惊喜地笑出声来。

在这些幸福的日子里，两颗心共同跳动，两个天才的学者共同思想。他们彼此都深深感到，对方是自己此生唯一正确的选择——玛丽只能嫁给这个聪明而高尚的大物理学家；而皮埃尔只能娶这个既幼稚又高深的波兰女子——她是同伴，是爱人，是妻子，也是学者。

艰辛与甜蜜

婚后的居里夫妇搬进了巴黎格拉希埃尔路 24 号 3 间狭小的房子里，这里唯一可爱之处就是临窗望去能看见一大片郁郁葱葱的树林。屋内极其简陋，只有一个书橱、一张木桌和两把椅子，除了桌上的书籍、一盏油灯、一把花以外，几乎毫无装饰。居里夫妇婉拒了皮埃尔父亲想要送给他们的几件家具，原因是玛丽根本腾不出时间来清扫和整理它们，而且，这对夫妇并不准备在自己的小屋里招待任何客人，根本没有给客人坐的椅子——他们想把婚后的所有时间几乎都用在实验室的研究上。

当然，对于玛丽，这种理想状态显然有点难以实现——如今她已经是一个家的女主人了，已不能再像在索尔本上学的时候那样忽略物质生活，她必须承担起一个妻子必须承担的平凡和劳苦的活计。她完成蜜月旅行回到巴黎后所做的第一件事就是买了一本黑色的账本。在玛丽取得中等教育任职的资格之前，皮埃尔在理化学校每月 500 法郎的薪水是这本账簿上唯一的进项。不过，对于过惯了俭朴生活的居里夫妇，这已经足够用了。现在唯一使玛丽烦恼的是如何能在一天24小时内做完所有的事情，除了令她快乐和着迷的实验，还有床要铺，地要扫，皮埃尔的衣服需要整理，一日三餐需要她来安排……自从决定结婚，玛丽已经偷偷地拜布罗妮雅为师，学会了许多烹饪的手艺。现在，她练习烧鸡和油煎土豆，甚至像读化学书一样精心研究一本食谱，还在上面做了无数密密麻麻的标注，包括总结实践的经验教训。玛丽发现，做饭一点儿都不比化学实验简单！她满脸通红，站在煤气炉前，不禁感叹：哎，还是上学时吃黄油面包、小萝卜、樱桃、喝茶的日子简单啊！就这样，玛丽治家的知识日益丰富起来。不知是皮埃尔太随意粗心，还是玛丽的手艺长进迅速，皮埃尔根本就没有发现玛丽为操持一个家所作的努力。

到了晚上，结束了一天8小时的实验、3小时的家务，夫妻二人点起煤油灯，面对面坐在木桌的两端。玛丽记下一天的开支账目，而后开始专心准备大学毕业生职业考试；皮埃尔则埋头制定他在理化学校新课程的教学大纲。周围一片寂静。玛丽时常能够感觉到有温暖的目光沐浴在自己的身上，这时，她就禁不住抬起头来去接受满含爱恋和欣赏的信息，当她迎着那目光望过去，一定能锁定皮埃尔深邃而好看的眼睛。此时，夫妻相视一笑。甜蜜与幸福顷刻间弥散开来！

8 月中旬,玛丽在大学生中等教育界任职考试中取得了第一名。皮埃尔知道了这个消息没有说话,他只是自豪地伸出自己有力的臂膀紧紧地拥抱了妻子。两个人立刻决定以特有的方式庆祝——给自行车充足气,收拾简单的行囊,启程去山区考察。真是一对精力充沛的夫妻!

转眼到了第二年,玛丽怀孕了。这个消息使她既高兴又烦恼。高兴的是,她喜欢孩子,现在如愿以偿,她就要成为母亲了;烦恼的是,怀孕使她身体疲乏、软弱,甚至不能工作。同时,还有一件不幸的事情——皮埃尔的母亲罹患了癌症,恐怕即将不久于人世。

初夏,斯可罗多夫斯基先生到法国度假,顺便照料待产的玛丽。因家中十分狭小,玛丽和父亲住进了布朗港的一家旅馆。

在第一次短暂分离的日子里,皮埃尔十分有心地用初学的波兰文给玛丽写信:“我极度喜爱的如此亲切和温柔的小姑娘……”玛丽也用波兰文回信,使用的都是一些极为浅显易懂的句子。他们幸福地讨论着即将出生的孩子的衣服尺寸,叙述着相互的思念。

8 月初,皮埃尔终于完成了手上的工作跑到了布朗港。玛丽已经怀孕8 个月了。谁也想不到这对夫妻将怎样度过这个夏天！应该安静的、小心的？不对！这完全不是他们的风格——居里夫妇竟然疯狂地将自行车骑到了布勒斯特！玛丽声称自己没有丝毫的疲乏，皮埃尔居然相信了她的话，在他眼里，玛丽与所有的女性完全不同，简直具有超自然的力量！

当然，事实是因为玛丽的身体无法承受如此的劳累，他们不得不缩短了行程，回到了巴黎。

1897 年 9 月 12 日，他们美丽的女儿伊蕾娜出生了。皮埃尔的父亲居里大夫负责接生，玛丽咬紧牙关，没哼一声。这是一次十分节俭的生产。玛丽在账簿上记录下：9 月 12 日，香槟酒，3 法郎；电报，1 法郎 10 生丁；医药和看护，71 法郎 50 生丁。她在 9 月家庭总支出“430 法郎 40 生丁”一行数目下用笔画了两条很重的粗线，以示对这笔“巨额”开支的极大愤慨。

从此，玛丽开始用她无比的热情和坚强的意志同时扮演着妻子、母亲和科学家三种角色而从没有想过要放弃其中的哪一个。她操持家务、照顾孩子，并在分娩刚刚复原，在乳母带着孩子散步的时候，匆匆赶往实验室里坚持研究。

她成功了！她的第一项研究成果与她的第一个孩子同年出世，相隔仅 3 个月的工夫！她用坚韧、勇气和无上的荣誉做了一个美丽的约定！

艰辛的探索

- 我们的生活都不容易，但是那有什么关系？我们必须有恒心，尤其要有自信力！我们必须相信我们的天赋是要用来做某种事情的，无论代价多么大，这种事情必须做到。
- 如果能追随理想而生活，本着真正自由的精神，勇敢直前的毅力，诚实不自欺的思想而行，则定能至于至善至美的境地。

惊喜的发现

取得两个学士学位，考取了中等教育的任职资格，完成了关于回火钢磁化作用的专论，但玛丽·居里无暇品尝成功的喜悦，她开始筹划下一步的事业。她决定报考博士学位，并开始思索一个可以充分发挥的新颖选题。

她时常回想起一次与贝格鲁教授的交谈。教授向她和皮埃尔展示了自己研究的沥青矿石，并发现沥青矿石能够放射出光线，能使胶片感光。这使得玛丽心中始终被一个疑问所萦绕：为什么会出现这种现象？物质不可能无中生有地获得能量，就像钟不上发条就会停摆，火不补充燃料就会熄灭。那块沥青矿石被深埋在地下几百万年，从未见过太阳，却能够不断地释放光线。这种光线不是来自外界，而是来自它自身。这究竟是一种什么样的能量？它来自哪里？玛丽隐隐感觉到，贝格鲁教授的沥青矿石似乎为她开启了一扇大门。但是，玛丽不知道这扇门后面的道路有多么艰险漫长，她唯一能确定的是：要沿着这条路走下去，和自己亲爱的人一起坚定地走下去！

沿着自己的思路与设想，玛丽与皮埃尔开始了最初的探索——寻找沥青矿石中的能量来源，查出其中的放射线究竟有多少含量。玛丽为这块矿石作了仔细的化学分析：将所有已知物质的含量一一测出，当然其中也包括了0.001%的其他未知物质，它们实在是太微量了，完全可以忽略不计。玛丽与皮埃尔先将磨成粉的沥青铀矿放入静电仪，检测出放射线能量读数为8。再将从中提取出的人们已知的放射性物质纯铀和纯钍分别进行测量，检测出的放射线能量读数均为2。也就是说出现了8=2+2的怪事，当然，这是完全说不通的。另外4个读数的放射线去了哪里呢？实验重复了200多次，结果依然如此。这使得玛丽与皮埃尔百思不得其解。

晚上，皮埃尔的父母要来看望夫妇俩。玛丽只得一再提醒自己暂时不要再想实验室的事情，毕竟，她除了是一位科学家，还是一位妻子、一位儿媳，一位母亲。她必须扮演好各种角色。

皮埃尔的父母依然那样和蔼可亲，甚至埋怨儿子没有照顾好自己的妻子，使她如此消瘦。每当这样的时候，玛丽的内心总是感到十分温暖。其实，除了钟爱的科学研究，她也如此渴望享受这样的家庭欢乐，这使她回想起童年母亲在世时全家人的欢愉。餐桌上他们热烈地讨论起孩子。的确，这是生活必需的部分。

“玛丽，”好久没有开口的皮埃尔突然说话了，“你确定绝缘体是干的吗？你保证舂矿石粉的石臼是干净的？”

“是的，皮埃尔。”玛丽应道。

“你检查了接地线？”皮埃尔接着问。

“哦，没有。你给我的时候，我以为你一定检查过了。”显然，夫妇俩的思绪早已经飞到了实验室。

皮埃尔的父母相视而笑——他们对这样的情景太习以为常了。这时候他们总是不再插嘴，以免干扰科学家们想事情。

“尽管我检查过，但有时候不敢保证它一直不出任何问题，必须重新检查！”

“也许是这样的，皮埃尔。既然如此，也许我的测量是正确的，方法并没有错，是吗？那么，我这几个月的努力都没有白费，是吗？皮埃尔。”

“是的，玛丽。”

“哦，赶快，你们还是赶快去检查一下吧！”皮埃尔的父亲忍不住催促道，他实在看不下去两个人迫不及待的神情了。皮埃尔和玛丽满含歉意地拥抱了两位可亲可敬的老人，他们总是这样善解人意。

实验室中，夫妇俩严格地检查了他们能想到的所有可能出现的设备故障，甚至重新按照程序演示了一遍实验的全过程。结果依然令人失望——看不出有任何问题。夫妇俩再次陷入沉思。

“你发现沥青矿中只有铀和钍两种元素会释放光线吗？”

“问题就出在这里，皮埃尔。沥青矿中放射线超过了铀和钍两个元素。为什么合在一起的能量是分开后的两倍呢？失去的4点究竟跑到哪里去了呢？”

“每种成分都测试过了吗，玛丽？”皮埃尔问。

“没错。你看，这是成分分析的结果。”玛丽说着，目光不禁定在最后的那0.001%的未知成分上，似乎想到了些什么。“皮埃尔，宇宙是由已知的物质组成的，对吗？一些永远固定不变的元素。科学研究都是以此为基础的。是吧？”

“没错，玛丽，继续说。”皮埃尔意识到妻子一定又有了灵感的火花。

“但是，人类是慢慢完善这一认识的，不是吗？最初，人类认为只有四大元素：土、空气、火和水。但是他们错了。如今我们已经知道了78种元素。我们也相信还会有一些未知的元素等待我们去发现！万一，万一有一种非惰性的活性元素存在，它具有爆炸性。也许，它的含量极少，但是威力巨大！那消失的 4 个点，那奇异的力量，如果就蕴藏在这 0.001% 中间。哦，皮埃尔，也许我们又发现了一种新的元素，一种充满活性的元素！”玛丽兴奋地一口气说出了自己的想法。

“你是说残渣！提炼了铀和钍以后的沥青矿残渣中，会不会还蕴藏着能量？那些残渣在哪里？”皮埃尔也豁然开朗。

“垃圾箱，在垃圾箱里！”说着，玛丽翻出了垃圾箱中的沥青矿残渣，如获至宝，小心翼翼地将它放入静电仪中，充电—准备—读数！激动人心的时刻到了，玛丽和皮埃尔几乎是屏住呼吸，目光随着指针慢慢移动。

4！哦，这是一个新概念！他们终于发现了新的能量所在，这意味着有新的具有放射性的元素存在。艰辛的过程终于带来了惊喜的发现，这样的发现将会使他们以前所未有的深度去揭示生命的秘密。

科学家的心

鉴于研究所得结果的惊人重要性，皮埃尔断然决定暂停自己在结晶体方面的研究，用他的力量与玛丽一同找寻这种新物质的存在。从此以后，居里夫妇的工作就再也无法辨别哪一部分是哪一个人的成绩了。共同的研究将这一对彼此深爱对方的夫妇更加紧密地结合在了一起。

玛丽和皮埃尔经过耐心的分离—淘汰—再分离—再淘汰的繁琐过程，不断地缩小了探索范围，再次惊喜地发现，沥青铀矿中所隐藏的强烈放射性来自两种物质。1898 年 7 月，他们宣布发现了其中的一种。

皮埃尔建议说："玛丽，你应该给它取一个名字！"

玛丽默默地沉思片刻，她的心中渐渐浮现出已经从世界版图上消失已久的祖国——波兰，可是她又有些迟疑，因为这样一件科学大事自然也会在俄国、德意志、奥地利那些压迫者的国家发表。于是，她有些胆怯地低声说："皮埃尔，我们能否称它为'钋'？"

"钋"这个元素的名字使用了和波兰国名一样的字根，

玛丽想以此来纪念她的祖国。

皮埃尔深深地望着玛丽，他一直能够体会妻子自小就有的爱国热情和坚定信念，尽管玛丽已经成为一个法国人，可是，她从来没有背弃过自己的祖国。无论祖国是否在版图上存在，都永远镌刻在妻子的心中。他用力地点点头，表示极力赞同。

至于另一种未知新元素，玛丽和皮埃尔决定将它命名为镭。居里夫妇向科学院递交了相关的科学报告。

在普通人眼中，这是多么奇特而伟大的发现，他们作出的巨大贡献多么值得羡慕和钦佩！可是，在当时的科学家们——他们的同行眼中，这份报告却像扔进水中的巨石，引起了轩然大波。因为这是一个颠覆！钋和镭的特性推翻了长达几个世纪以来学者们深信的基本理论，动摇了人们全部的已知概念，与已经深入人心、根深蒂固的物质成分观念相反。尤其是化学家们。依照定义，他们对于一种新物质的承认，一定要等到实实在在地看到了它，接触到它，称过它，检查过它，把它放进瓶子里，确定了它的原子量，才能无可辩驳地证明它的存在。否则，一切都将是纸上谈兵。直到现在，还没有人看到过钋和镭，没有人知道它们的原子量。

为了将他们坚信存在的钋和镭指给那些不相信其存在

的人看，为了向全世界证明他们的“孩子”存在，也为了使自己的结论更加具有完全的把握，居里夫妇决定要取得纯钋和纯镭。可是，三个现实的问题摆在他们的面前：如何才能得到足够的可供提取的矿石？在什么地方可以进行这样艰难的提炼？又从哪里得到钱支付这样一笔巨大的实验费用？

首先，藏有钋和镭的沥青铀矿是一种很贵重的矿物。现在人们为了提取玻璃工业用的铀盐才在波西米亚地区炼制这种矿石。对于居里夫妇来说，要购买几吨这样的矿石，价格实在是太昂贵了。值得欣慰的是，最终还是靠两个人的才智弥补了经济上的不足。根据他们的分析，在工业上提取铀盐之后，钋和镭一定还原封不动地被保留在残余的矿渣中。固然天然的沥青铀矿十分昂贵，但如果是提炼后所剩的矿渣就变得十分廉价了。可是运费呢？皮埃尔和玛丽不得不从他们很少的积蓄中提出这笔必要的款项。

你一定会问，两位伟大的物理学家在找到如此重大发现的线索之后，为何不能向索尔本大学或者法国政府申请拨付一笔补助金，以便购买和运输那些廉价的沥青矿渣呢？难道伟大的科学发现不能得到全社会的热心支持吗？事实上，居里夫妇一开始就打消了这个在当时显得十分可笑的念头。因为尽管当时的法国在很多情况下是鼓励科学发展的，但是这是十分有限的,政府的态度在大革命结束的一个多世纪当中依然像著名的化学家拉瓦锡被推向断头台时所作的判断那样——“共和国不需要学者”。

不久,他们的判断被证明并非是成见,而是再一次得到了验证。

居里夫妇向索尔本大学由资深教授们组成的委员会申请一处合适的实验场所。在他们的想象中,那应该是一个拥有一些必要设备、类似小工厂一样的地方,因为他们要处理的将会是多达几吨重的沥青铀矿渣,当然,他们还必须有一些助手,工作量将是巨大的。

而当他们面对数十位教授说出自己的请求时,忽然觉得现场的气氛让他们的话显得像丢进山谷的石头,听不见任何回音。

沉默了片刻,会长先生终于说话了:“居里夫人,你必须明白,本委员会已经对你的申请作了全面的考量。然而大学的预算并没有能力盖新的实验室,也无法为你提供你所要的设备。尽管你已经声明,你和居里博士已经证实了新元素的存在,但不幸的是,你们并没有证明它们存在的有力证据,我们甚至不知道它们的名字。”

居里夫人竭力保持冷静,说道:“我们已经实验性地展示了新元素的存在。除了我女儿出生和我先生的母亲过世，我们将其余所有的时间都投入到研究当中。那种新元素，我们称它为镭。”

接着，坐在主席台上的罗杰教授对居里夫妇实际担负着不轻的授课任务必然会影响研究表示担忧。贝格鲁教授甚至认为居里夫人太年轻、缺乏经验，而且还是一位女性——言语间似乎饱含着某种轻视。

皮埃尔再也无法忍耐，腾地从座位上站了起来："各位先生，我认为这番话极不公平！我的夫人年轻，这是不争的事实，她的经验也不如在座的各位丰富。还有，正如您说的，她是一位女性。但是，请允许我强调一句，她是一位最不平凡的女性。你们不能凭借成见对她下这样的结论！以我对她的深刻了解和长期观察，她是一位出色的科学家，不仅才华横溢，而且……”此时，身边的玛丽拽了拽皮埃尔的衣角，示意他不要激动。皮埃尔这才降低了音量，平缓了口气，继续说道："当然，各位了解，我这样评价我的夫人，并未带有个人的主观感情，而是完全以冷静客观的态度来评判的。”

会长先生似乎想表现出一些歉意："我非常赞同您的说法。我们也非常乐意帮助你们完成研究，但是无法为你们提供资金。不过呢，罗杰教授提出了一个建议，得到了委员会一致的同意。那就是，我们可以提供理化学校对面的房屋供你们使用。当然，我们也知道那里不一定十分合适。”

居里先生不禁再次激动地站了起来，提高嗓音说道：“各位，你们的意思难道是让我们在那间棚屋中开展研究吗？那间医学院的学生曾经用来解剖尸体的破棚屋？那里屋顶漏雨，地面泥泞，夏天像火炉，冬天像冰窖。不，我绝不能允许我的妻子在那样恶劣的条件下工作，不能！”

玛丽再次拽了拽丈夫的衣角，站了起来，恭敬地说：“经过我先生的允许，我们将非常乐意接受这间实验室。”

皮埃尔怔怔地望着妻子美丽而平静的面庞，也只得跟着说：“是的，我们接受，并且，非常感谢能够使用它！”

科学家面对的不仅仅是科学难题，他们的内心需要足够强大，执著追求，毫不畏惧，能够承受住各种各样的困难与威胁。因此，在成功的道路上，他们流的不是汗水而是鲜血，他们的名字不是用笔，而是用生命写成的。这就是科学家。

简陋棚屋中的艰苦岁月

这就是居里夫妇经过了竭力争取得到的实验室——理化学校对面的一间简陋的棚屋。叫它棚屋，实在是非常确切，因为它着实称不上一间房屋或是一间实验室，实际上比他们想象的还要糟糕：没有地板，地上铺着沥青，玻璃棚顶年久失修，雨水在棚屋内积起一个个水洼，恐怕丝毫不能抵御任何恶劣天气的袭击。棚屋内根本没有什么设备，全部的物件不过是几张磨损的松木桌，一个已经不能使用的生铁炉和一块没有人知道为什么会放在那里的黑板。在这样的条件下，他们要如何开展研究呢？假如他们能够预见自己将要在这样恶劣简陋的环境中工作多久，他们还能够有勇气知难而进吗？是的，可能会的，不，一定会的！因为他们就是这样的人，甘愿为科学研究献身的人。

一天早晨，一辆像运煤车的载重马车停在理化学校的门前。皮埃尔和玛丽一接到通知，穿着实验室的工作服就从棚屋里跑了出来。皮埃尔还能保持他一向的平静。而玛丽在看着工人们把一个个大口袋往下卸的时候，已经无法掩饰住自己快乐的神情。这是沥青铀矿，是她的沥青铀矿！她兴奋地打开其中的一个粗布口袋，抓起一把极可能蕴含着宝藏的棕色矿物，忘情地端详着，完全不在意她所面临的任务有多么艰巨——她必须炼制这眼前堆得像山一样的矿物！

一开始，居里夫妇做的都是纯粹的体力劳动，高强度的工作使他们几乎难以承受。寒冷的冬天，他们不停地苦干，做完了一个化工厂的全部工序。原材料是从波西米亚运来的沥青铀矿渣，他们要从这几吨的矿渣中提取出所有的已知元素，直到剩下最后几盎司物质，然后再从剩余的物质中提炼出宝贵的、他们梦寐以求的那一点点新元素——镭。这近似于大海捞针的繁重工作并没有使居里夫妇畏惧，他们一丝不苟地完成着每一个步骤，丝毫不敢马虎。

实验初期，由于棚内没有排气罩，无法排除进行化学处理时所产生的有毒气体，玛丽和皮埃尔不得不将提炼工作搬到室外进行，尽管棚外寒风刺骨。遇到恶劣天气，只好再搬回到棚内，尽管将所有窗户都打开，但仍然逃脱不了毒气的侵袭。第一步是在大的椭圆桶里把矿渣熔化，直到它像岩浆一样沸腾，然后再倒入刺鼻的酸液，用一根铁棒一连几个小时不停地搅动锅内沸腾的物质，充分溶解其中的盐。接下来，是将所剩的残渣放在不同的大锅里继续熔化，这也是相当艰巨的一项工作，因为必须保持24小时不断加热，炉火不能熄灭，人不可以离开，皮埃尔和玛丽必须保证随时有一个人守在现场。就这样，他们靠着惊人的毅力，一干就是几个月，把辛苦甚至是危险置之度外。但是，他们依然不能逃脱极度疲劳的折磨，还必须时刻与燃烧的烟气作艰苦而顽强的斗争。

几个月过去了，几年过去了，他们始终如一地坚持着，重复着单调繁重的劳动。终于，工作的内容有了变化。但是，为了节省经费，皮埃尔必须一如既往地利用手头的一切材料建造或装配实验所需的设备。从沥青铀矿中提炼出来的物质必须经过反反复复无数次的过滤，才能除去别的元素。这项工作虽然已不再是强体力活，却依然十分艰苦。尤其是在炎热的夏季，太阳的热量毫不留情地穿透玻璃棚顶灼烤着空气，棚内如蒸笼一般闷热。他们就这样忍受着寂寞、单调、劳累、酷热、严寒，甚至是死亡的威胁，相互慰藉，相互鼓励，相互支持，坚持又坚持，直到把几吨沥青铀矿渣中的其他无关元素全部去除，只剩下两种———一种是钡，另一种就是他们心中朝思暮想的属于他们自己的元素——那珍贵而神秘的镭。犹如企盼新生命的降生，每前进一步，兴奋、忐忑、焦急和希望就更多一分。他们坚信，实验的成功一定为期不远了！好了，现在要做的，就是把所剩的最后两种元素——钡和镭进行分离。

然而，现实是残酷的，玛丽和皮埃尔陷入了黎明前那令人倍感漫长的黑暗之中。在他们的实验日志上这样记录着：1899年11月8日，第一次分离无效！1899年11月10日，第二次分离无效！……1900年7月16日，第458次分离无效！

皮埃尔深情地望着自己心力交瘁的妻子，心痛万分。这种心痛让这位一贯理智冷静的科学家激动地提高了嗓音："哦！顽固的镭还是不能被分离开！我们已经尽力了，我们做了一般人难以做到的一切！这多亏了你的顽强毅力。可是，这些都无济于事！我们根本无法将它们分离开！也许钡和镭根本就无法分开。"说着，皮埃尔用力地推开了棚屋的大门，似乎要将积压已久的愤懑赶出门去，"这样恶劣的条件我们还能忍受多久？夏天如火炉，冬天像冰窖，你这样没命地工作还能持续多久？难道我就这样眼巴巴地看着你毁了自己?！没有镭，世界也存在到了今天，就算再过100年分离不出镭，又有何妨?"皮埃尔激动的话音在空旷的棚屋里回荡着。可是，玛丽却静静地望着自己的爱人，眼中依然闪烁着坚毅的光芒。她用自己惯有的平静口吻坚定地说："我不能放弃。如果真的还需要 100 年,那的确令人遗憾。但是,我还是要看看以我毕生的精力能否将它完成。”说完,玛丽固执地坐回到工作台前,开始了又一次的尝试。

致命的威胁

成功的道路总是如此曲折，挫折与打击往往无情地接踵而至。

成百上千次的分离无效折磨着玛丽和皮埃尔。在恶劣环境中坚持工作了3年半的玛丽默默忍受着一切常人难以想象的痛苦，身心俱疲。不仅如此，更糟糕的情况发生了。玛丽发现自己双手上出现了越来越严重的烧伤症状，常常会奇痒无比。她也清楚地意识到，长期接触放射性物质，无疑给自己的健康带来了不可小视的威胁。在皮埃尔的一再催促之下，玛丽不得不在繁忙的实验工作中抽出时间去就医。

富有经验的医生反复仔细地检查了玛丽的双手，不禁摇了摇头，说："这是我从未见过的症状，非常奇怪。这样的症状显然不是来自某种正常的物质。夫人，您是不是在从事什么特别的研究？"

玛丽说："是的，正如您说的，我和我的先生在3年多的时间里，一直在对一种具有放射性的新元素进行研究。"

医生摘下眼镜，拉开窗帘，走回办公桌前，继续说："夫人，我认为，您研究处理的物质显然具有一种相当的能量，这是造成您手部烧伤的直接原因。至于它究竟属于哪一种烧伤，我实在是无法作出准确判断。但是，我并不是想吓唬您，夫人，如果您不停止研究，继续接触和暴露在这种未知物质之下，这种烧伤会越来越严重的。继续恶化的结果也许会发展成某种可怕的癌症！我的忠告是，夫人，为了自己的健康，您还是放弃这项危险的研究吧！”

癌症？不治之症！要知道，皮埃尔的母亲就是罹患癌症去世的。玛丽的心里不禁咯噔了一下。

回到实验室，皮埃尔连忙上前询问。

“癌症！”显然，这位冷静的绅士也被这个无情的结论吓了一跳，语气中充满了焦虑与不安。

玛丽望着皮埃尔，连忙安慰说：“皮埃尔，别担心，可能，医生只是说可能而已！而且是说如果继续暴露在镭之下，才会出现那种恶果。换句话说，如果我们多加小心，注意保护，就没有什么好害怕的了。”

皮埃尔仍然难以平静，他太了解自己的妻子了，为了自己钟爱的实验研究，她会毫不犹豫地将所有危险都轻描淡写。他语气坚定地说：“不，玛丽，我们一定要放弃实验，要知道我们处理的可能会是一种能量惊人的物质，很难说结果会怎么样！我不允许！我绝不会允许你用自己的生命去冒险！我不准！”

玛丽深情地望着自己的丈夫，内心里一股巨大的暖流在汹涌，她能感受到皮埃尔对自己深沉的爱。可是，她依然面色平静地说：“皮埃尔，求求你，你听我说，听我说完，你再决定好吗？求求你，好吗？”

玛丽顿了顿，又望了望实验台，说：“皮埃尔，在看过医生以后，我在想，这个元素具有如此巨大的力量，能够破坏我们原本健康的肌体组织，而把我的手烧伤了。那么，我们可以顺着这个思路去想，它既然具有如此的威力，为什么不能成为摧毁不健康组织的有力武器呢？治疗！皮埃尔，我是说，它可以用来治疗！你明白它可能具有的伟大意义了吗？”玛丽的言语间、眼神中不禁闪烁出异样的光芒。

皮埃尔似乎已经沉浸在妻子描述的美好图景中。“是的，甚至它可以治疗癌症！”他的脸上闪现出一丝激动的笑容后，又迅速收敛，“可是，玛丽，你……”

玛丽打断了皮埃尔的担忧，继续劝说道：“哦，皮埃尔。你难道不知道，与它未来的重大意义相比较，我的病显得多么微不足道吗？它或许可以防治重大疾病，甚至可以帮助人们抵御死亡！”

皮埃尔当然理解妻子此时的心情——能为人类作出贡献，用自己的努力推动科学的进步，是身为一个科学家最大的快乐所在。面对固执的妻子，皮埃尔知道自己再坚持也是无济于事，他只能怜惜地将妻子紧紧地拥入怀中。

来之不易的结晶

艰苦、贫病、挫折，所有的一切都无法阻挡居里夫妇科学研究的道路。

无法找到直接分离钡和铀的有效方法，居里夫妇也绝不会轻言放弃。如果说这个困难如同一座无法翻越的大山阻挡在他们的面前，那么他们还是决定要走出一条迂回的道路，不管这条道路会是多么漫长艰险，他们都决定要义无反顾地向前走。经过反复的实验研究，居里夫妇发现可以使用晶化的方法，微量地蒸发掉混合物中的钡，尽管是微量的，但是依照这样的方法不断持续下去，终有一天，会只剩下他们所需要的镭。

就这样，他们又开始了新一轮漫长的持久战。事实证明，这比以往的任何一次研究更加考验科学家的耐心与细心。这种结晶处理不仅要无休止的重复再重复，而且需要特别的仔细，因为棚屋实验室条件恶劣，根本无法预防铁屑和煤尘的污染，他们只能小心再小心地像孕育一个宝贵的生命那样，使每一次结晶都在玻璃罩中缓慢地进行。实验室里所有的工作台上都放满了大大小小数以百计的蒸发器皿。他们把由不同过程当中所提炼出来的剩余物分别放在这些小器皿中。之所以要用小器皿，是因为大量的溶液是无法快速蒸发的。就这样，结晶再结晶，他们期望每一个步骤都能够更接近于他们伟大而神秘的核心所在。他们耐心地等待着这个新生命的诞生。究竟需要什么程度的一种耐心呢？为时两年，数以千次。

终于，他们在除夕夜等到了最后一次的结晶过程——这是一个包含了所有浓缩结果的结晶体，这是数百个蒸发器皿中最后的幸存者，这是两年艰苦过程的最后时刻——成败在此一举。

玛丽望着这个静静躺在玻璃罩中看上去普普通通的白色小碗，心情难以平静。这个小碗中的液体代表了 8 吨沥青铀矿和他们历时几年的努力！

“皮埃尔，我好想哭啊！”玛丽说。

皮埃尔走过来，用宽大的双手拥住玛丽的双肩：“放心吧！亲爱的。我们会成功的，会的！我们已经完成了！5677 次结晶，5677 次！现在，我们只有等待了，安静地等待这历史性的时刻吧！再过几个小时，水蒸发掉就只剩下镭了，纯粹的镭！”

仅剩的几个小时显得如此的漫长。他们没有选择回到家中与亲人一起迎接新年，而是留在实验室中等待，对他们来说这无异于等待一个宝贵新生命的诞生。寒冷、疲倦的居里夫妇相互依偎着，靠在椅子上睡着了。等他们醒来的时候，已经是早晨5点了。

“皮埃尔，现在已经结晶了吧！一定是好了！我们的镭一定已经出现了！”玛丽心里充满了企盼。

“来吧！玛丽，让我们一起去看看吧！”皮埃尔也有些迫不及待。

“哦，皮埃尔，我有些紧张，还是你先去看看吧！”

皮埃尔点了点头，走向那放有镭的隔间里。可是，他呆住了，站在那儿一动不能动。

“怎么样？皮埃尔。它在吗？它在那儿吗？”玛丽听不见丈夫的声音，一边焦急地询问，一边冲进了隔间。她也同样呆住了——玻璃罩下的小碗中什么也没有，严格地说，除了一些难看的水渍，什么也没有！连一点点他们盼望的颗粒都没有！

“怎么回事？怎么回事？皮埃尔。”玛丽几乎绝望地叫了起来。哦，让她如何不陷入绝望呢？这可是他们长达几年的心血啊！现在竟然只化成了一小片水渍！“我们的镭呢？

皮埃尔,我们的镭呢?它在哪儿?我们究竟什么地方做错了!”

“玛丽,我也不知道,不过我敢肯定我们什么也没有做错!”

满怀无奈与失望,居里夫妇回到家里。

躺在床上,玛丽依然辗转反侧,难以入眠。

皮埃尔安慰说:“玛丽,不要再想了,睡吧!”

“我没有办法接受!皮埃尔。”

“可是,现实往往是残酷的,有些事我们必须得接受。”

“问题是我想知道我们究竟错在哪里了。我并不是在意失败,而是想弄清楚失败的原因!在很久之前,我们终于找到了正确的程序,可是到最后,为什么还是失败了呢?我想知道为什么。为什么?”看来,玛丽已经很快摆脱了那种不理智的绝望情绪,现在,又执著地开始了她那习惯性的、追根究底式的、永远不服输的理性探究。

皮埃尔无奈地说:“请原谅,玛丽,我不知道,我真的不知道。”

玛丽似乎并没有在意皮埃尔说的话,她只是在自顾自地念叨着:“什么也没有了……水渍,水渍,小碗里只剩下了一点点水渍了……”忽然,她灵光一闪,猛得提高了声音,转过头来对皮埃尔说:“我们根本没有检验！对吗？皮埃尔!”

每当看到妻子有这样的表情,皮埃尔都知道她一定有了什么新的想法。这时候,他总是充满期待地鼓励:“继续说,玛丽!”

“是的,我们一直在期望找到定量的镭,可以看到的、摸到的,至少是一小撮结晶。”

“是的。”皮埃尔应和着。

“万一,我是说万一,皮埃尔。万一,那只是量的问题呢?如果说,它的含量极少,与我们使用的原材料相比,镭少到我们看不见的量呢？万一,那一片水渍就是……镭呢?”

皮埃尔和玛丽几乎同时从床上一跃而起,匆匆穿好衣服,向实验室奔去……

“哦！它在那儿！在那儿！我们的镭,它在那儿!”玛丽激动地喊出声来。

黑暗的实验室中,那最后的蒸发器皿中,发出了微弱的幽幽的光。此时,在居里夫妇的眼中,这束微光是如此之美丽,如此之灿烂！仿佛华丽的灯光将这间破败不堪的棚屋照耀得犹如宫殿般富丽堂皇。

皮埃尔和玛丽紧紧地拥抱在一起,激动的泪水潸然而下……

成功后的窘迫

镭的神奇光芒使两位科学家幸福得仿佛顷刻间拥有了世界上的一切财富，然而，现实就如午夜 12 点的钟声响过后所有魔法失去魔力一样，将人送入了无限的冰冷和失望之中。为了应对入不敷出的生活，居里夫妇不得不进行另一种他们极不擅长的奋斗，在这种奋斗中，他们显得完全没有自信并且连连败下阵来，并付出了健康的代价。

居里一家一直依靠皮埃尔在理化学校每月 500 法郎的工资过活。在没有孩子的时候，由于玛丽的节俭，还足够家用。随着女儿伊蕾娜的出生，一切发生了变化：居里一家搬到了克勒曼大道，皮埃尔的母亲去世，老居里大夫为了帮助他们照看孩子，也搬来同住，为了料理越来越多的家务，家里还不得不雇了一位女仆……总之，房租、吃穿用度等一切开销已经远远超过了那可怜的 500 法郎。居里夫妇必须得有更多的收入。

事实上，皮埃尔在理化学校的工作占去了他除了研究外的绝大部分时间，已经无力在此之外再谋他业。谁都明白，解决的方法其实十分简单——凭借皮埃尔在工作上的成就、声望以及丰富的教学经验,任职为索尔本的教授完全是情理之中的事,这样皮埃尔也就可以辞去理化学校的教职,同时获得索尔本1万法郎的年薪和他梦寐以求的实验室。如果能够实现,皮埃尔就不会再对命运有什么乞求了。可一切都是美好的愿望而已!

皮埃尔虽然十分善于解释物质世界的神秘现象,但是要让这位学者与他人竞争,甚至要向他人谋求些什么,简直是太过困难了!尽管皮埃尔被若干教授赞扬和褒奖,但还是因为某种理由,先后两次在索尔本教授的申请中遭到否决。皮埃尔实在无法镇定地当众陈述自己的资历,夸耀自己的长处、学问和工作;相反,倒是十分自然地提起了自己的竞争对手,由衷地夸赞他的出色成就,诚恳地认为他比自己更为胜任教席。其间,瑞士日内瓦大学向他们夫妇发来盛情的邀请,新任理化学院院长保罗·阿佩尔提请授予皮埃尔荣誉勋位勋章,均被皮埃尔拒绝了。前者是因为前往瑞士不便于镭的后续研究,而后者则是坚持了他一贯的对某种勋章的不屑,根本就没有考虑这枚勋章会给他穷困的家庭带来什么好处。

无奈之下,居里夫妇只得通过承担更多的工作来增加收入。皮埃尔另外申请了工艺学校辅导教师的职位，每年获得2500法郎的报酬。这样，皮埃尔同时担任了两处教职，指导两组学生的实验工作。玛丽也要尽她的一份责任，申请到凡尔赛附近的赛福尔女子高等师范学校执教。玛丽因此“初次登台”当了法国教授。她非常用心地准备教学，并且给赛福尔的女生们安排实验。她大胆地改革了教学方法，创新出新奇的课程，使赛福尔的校长大为惊奇。她每周要有好几次前往赛福尔。玛丽每次都要在路边的车站等上半个小时之久，才能等到一辆慢得让人难受的电车。她总是费力地提着一个沉甸甸的皮包，里面装满了经过认真批改的学生们的作业……

其实，这两位学者最重要、最热衷的工作还是在实验室——他们简陋的棚屋中。他们全部的奢望就只是获得维持家用的收入和一间像样的实验室，仅此而已。长期疲乏的教学和研究工作使他们疲于奔命，废寝忘食，极大地影响了两个人的工作效率，消耗着他们日渐衰退的体力，最终严重损害了他们的身体健康。玛丽脸色苍白，气色很差，营养严重不足，甚至患上了梦游症，常常在夜间毫无知觉地在房子里来回走动。皮埃尔也患上了严重的风湿症，常疼痛得难以入眠，整夜呻吟。

这位坚强的学者只有一次，说出了一句诉苦的话："玛丽，是不是我们选择的生活太苦了?"

玛丽心疼至极，皮埃尔是多么痛苦才说出了这样气馁的话，这让她有了不祥的预感。她眼见着皮埃尔和自己在极端疲乏中不断挣扎，被病痛折磨。几个月来，甚至有死亡的念头在她的心头不断徘徊。"皮埃尔!"玛丽叫了一声，声音听起来十分痛苦，像是被人掐住了喉咙。

"怎么回事？亲爱的，你怎么啦?"皮埃尔有些吃惊地望着玛丽。

"皮埃尔……如果……我是说如果，我们两个人如果有一个先走了，剩下的一个一定也无法活下去了。我们是不能分开的，分开就不能活了，是不是?"玛丽缓慢地作着这个可怕的假设。

皮埃尔慢慢地摇了摇头。他怜惜地望着玛丽，这位一直坚定的、不辱使命的强者，此时却真正像一个女人说出了这样一番感性而缱绻的话。这些话却唤醒了皮埃尔作为一个男性，更是一个科学家的信念——学者没有权利背弃科学这个终生的目标。他对着玛丽忧伤的眼神坚定地说："你错了。无论发生什么事，一个人即使成了没有灵魂的身体，还应该照常工作!"

面对名利的态度

对于科学这样一个骄傲的主人，他的奴仆是贫是富，是喜是忧，都无关紧要。他高傲又自负地坚信，这些忠实的奴仆生来就是为了研究和发现，他们会在这条道路上义无反顾，直到力竭而死；他们不能与神圣的使命对抗，即使他们一时觉得厌烦，也永远不会停下脚步，信念还是会把他们引领到实验仪器的面前。居里夫妇就是这样一对科学的忠实奴仆。他们抛开个人的情绪和烦恼，甚至抛开时刻困扰他们的贫病，使新兴的放射学不断成长。

1899 至 1904 年间，居里夫妇共同或分别发表了 32 篇科学报告。每一篇报告都代表着一次胜利——难以想象，在那一长串令人望而生畏的题目背后，他们是以怎样无与伦比的天才与顽强一次又一次地战胜了研究中的艰难困苦和生活中的失望辛酸。世界各地的学者纷纷来信了解询问，居里夫妇毫无保留、十分慷慨地为他们的同行提供专业的说明和专门的报告，真诚地希望他们在自己研究的基础上，能够推动放射学的不断发展和进步。

果然，好消息不断传来！有学者陆续发现了许多放射性的新元素，也有学者验证了玛丽在1900年的假定，关于镭的研究不断被推向深入，以至改变了人类对物质世界的看法。而最令他们高兴的是，镭给人类带来的一个动人的奇迹：治疗迄今最为残酷的病症——癌症！

当皮埃尔听闻两个德国学者向全世界宣布镭在生理学上的效用后，竟然不顾危险，用自己的手臂进行试验。看着手臂上伤痕的变化，这位学者竟然无比喜悦，并怀着激动的心情，撰写了一篇观察报告递交给科学院。很快，放射疗法应运而生！由医生们进行的最初治疗获得了明显的疗效。这意味着提取纯镭成为必需的、有益于人类的工作，大规模的制镭工业即将诞生！镭不再是一个单纯的科研成果，它一跃而具有了非凡的身价——正式出售的镭是世界上最贵的东西，一克值75万金法郎。紧接着的1904年1月，一种名为《镭》的杂志创刊，用以专门登载与放射性产物相关的文章。从此，镭不仅有了贸易价值，还有了自己的出版物！然而，作为镭的“父母”，居里夫妇似乎已经忘记他们是怎样经受住了简陋棚屋里长达4年的艰苦煎熬，才最终离析出纯镭的，甚至拒绝利用这项伟大的发现去改变一下自己窘迫的境遇。即使这么做有着充分的理由和便利的条件。

事实上，玛丽在提纯沥青铀矿的过程中，发明了一种离析纯镭的专门技术，首创了一种制造法。当全世界的制造商们跃跃欲试，在制镭业这项新兴产业上准备大谋其利的时候，他们的工程师们却并不知道制造纯镭的秘诀，导致这些工厂根本无法制造出这种“神秘的金属”。他们不得不致信居里夫妇，向这对专家求教。

皮埃尔以平静的口气对玛丽说：“玛丽，我们能不能略谈一下有关我们的镭的事。毫无疑问，制镭业将有大发展。现在，美国、比利时等创立制镭业的工程师们请求我们向他们提供资料。”

玛丽显然对这个话题并不感兴趣。她漫不经心地说：“嗯，那怎么样呢？”

“怎么样呢？我们必须在两个决定中选择一个。一个是毫无保留地叙述我们的研究成果，包括提纯方法在内……”皮埃尔解释说。

“是，应该如此。”没等皮埃尔说完，玛丽立即做了一个表示赞同的手势，觉得除此之外，不会再有什么更为合理的做法了。

皮埃尔十分了解妻子的想法，但是，他还是顿了顿，继续说了下去：“或者我们可以自居为镭的所有者和‘发明者’。

如果是这样，玛丽，你就得在公开发表提炼沥青铀矿的方法之前，先去取得这种技术的专利，以此来确定我们在世界各地制镭业的权利。”

玛丽只想了几秒钟，就坚定地说：“我们不能这么办，这是违反科学精神的。”

为了说明自己提出这种建议的初衷，皮埃尔强调说：“我也这样想，不过……我们是不是再考虑一下。我们的生活很困难，如果放弃了这个权利，也许永远困难下去。我们有一个女儿，或许以后还会有别的孩子。为了孩子，为了我们的生活，是不是不该轻易放弃？要知道，这个专利代表很多钱，代表财富。有了它，我们和孩子一定可以过得舒服些，也可以辞掉那些辛苦的工作，改善我们的研究条件……”说到实验室，皮埃尔的眼中不禁有光在闪烁，那是他多么梦寐以求的啊！

玛丽的眼神凝视着什么，从容地考虑着皮埃尔解释的谋取报酬的主意，而最终还是拒绝了：“物理学家总是把研究全部发表的。我们的发现不过偶然有了商业上的用途。我们不能从中渔利。再说，镭将在治疗癌症上有大的用处……我们，不能借此求利！”她只是十分坚定，却丝毫不想对皮埃尔使用说服的口气，因为她猜到皮埃尔完全无须被说服，他只是说出了出于谨慎的一个小小想法，最终，他们都会坚持一个学者的职责。

在寂静中，皮埃尔重述了玛丽的话，如同一个回音：“我们不能这么办……这是违反科学精神的！”接着，长出了一口气，似乎完全安下心来，终于可以结束这次看来没有必要的谈话了：“今晚，我就写信给美国的工程师们，把他们所要的资料寄给他们。”

说完，他们相视一笑，心有灵犀地携手冲出家门，把自行车踩得飞快，向克拉玛的树林疾驰而去……当他们尽兴而归，怀中抱满了野地里生长的绿叶和花束。他们就这样轻松地又一次在贫苦和财富之间作了永久的选择。

但是，并不是所有的事情都可以如此轻松地拒绝或放弃的，尤其是当各种各样的荣誉接踵而至的时候。

皮埃尔在 1895 年获得了普朗特奖金，在 1901 年获得了拉卡兹奖金，玛丽三次获得若涅奖金，1903 年，居里夫妇接受著名的英国皇家科学协会的正式邀请，赴伦敦参加隆重的盛会。玛丽成为受邀参加皇家科学协会会议的第一位女性。在盛大的晚宴上，玛丽不安地感觉到有成百上千双眼睛在注视着自己，像注视着一个稀罕的动物——一个女物理学家！此后，英国皇家科学协会把该学会的最高奖章“戴维奖章”

授予居里夫妇,以示对其科学成就的推崇。玛丽因身体不适,让皮埃尔独自去参加仪式。皮埃尔拿回了一枚沉甸甸的镌刻着二人名字的金质奖章。可他在家中实在找不到一个合适的地方摆放这个家伙,就随手交给了女儿伊蕾娜,并欣赏着这个6岁的女孩开心的样子。他对上门拜访的朋友说:"看样子,我的女儿很喜欢这枚新的大钱!"

1903年12月10日,斯德哥尔摩的科学院公开宣布将当年的诺贝尔物理学奖授予柏克勒尔和居里夫妇,奖励他们在放射性方面的种种发现。居里夫人成为世界上第一位获得这个殊荣的女学者!面对这个巨大的荣誉,居里夫妇似乎没有任何过分的欣喜。由于健康状况都不好,加上授课和研究工作繁忙,居里夫妇决定不亲自参加此次盛典,而由法国公使代表他们从瑞典国王手中领取奖状和金质奖章。

诺贝尔奖对玛丽的意义其实十分单纯——不是由此带来的令人震惊的声望,不是报纸上极致的推崇,不是大众的敬仰,更不是来自美国的能使他们发财致富的授课邀请,而只是一个事实:他们夫妇可以被授予7万金法郎的奖金——对玛丽来说,这不是财富,而是代表着瑞典学者对他们工作的肯定和承认,所以,这笔钱并不违背科学精神。更重要的是,它可以帮助皮埃尔大幅减轻工作量——这是玛丽唯一的机会,可以用来挽救皮埃尔日益耗损的健康。

1904 年 1 月 2 日,玛丽终于得到了这张幸福的 7 万法郎支票,不久后又得到了一笔 5 万法郎的奥西里奖金。皮埃尔终于辞去了他在理化学校的教职,可玛丽自己却继续在赛福尔授课。她爱她的学生,并且觉得自己的体力还可以支撑。除了支付依然简朴的家用,装设了一个“新式”浴室,换了小房间那幅褪色的帷幔,玛丽连一顶新帽子也没有买。

玛丽是这样支出这笔钱的:

自费雇佣了一个私人的研究助手,她和皮埃尔觉得这比等着大学答应提供的有名无实的实验助手来得简单多了;

以借款的名义寄给布罗妮雅夫妇两万奥币,帮助他们创立疗养院;

以借款名义分别送给了皮埃尔的哥哥和玛丽的姐姐们;

购买了法国公债和华沙城债券;

其余的就是各项赠款,接受赠款的人包括:来自波兰贫困的学生们、玛丽年轻时的一位朋友、实验室的工人们、一个亟需用钱的赛福尔女学生、一位曾经教授过玛丽法文的十分穷苦的女士德·圣欧班小姐……

玛丽决定很适当地施赠,不张扬,也不过分。她决意在有生之年量力而为地帮助那些需要她帮助的人。这些就是诺贝尔奖带给玛丽最大的心灵慰藉，若论其他，就只剩下巨大的烦恼了。

大批的记者和慕名而来的人彻底打破了居里夫妇宝贵的沉思和宁静。他们试图挖掘与这对夫妇相关的一切，包括隐私，使这对夫妇的生活成为时髦酒馆里的谈资。

玛丽的生活十分忙碌。她有自己的研究、家庭、母职和教职，她承担着全副重担，像个走钢丝的艺人那样在艰难的路途上迈步向前。此时，世界若再强迫她扮演另一种角色，她的平衡将彻底被打破，就会从绷紧的钢索上跌落下来。

是啊，居里夫妇毫无怨言地忍受了贫寒、劳苦甚至人们不公正的对待，但是，面对荣誉，他们似乎显得更为不安。他们设法拒绝访问，封锁他们的门，把自己关在那间简陋的实验室里，恨不得过上远离人类的野人生活。他们比以前更为频繁地骑车到偏僻的村庄去，若是在乡下的小旅店过夜，也小心地使用假名字登记。走在街上，人们很难认出他们：一个穿着随便的男子在一个装束得如农妇般的年轻妇人的陪伴下，推着自行车在空荡荡的小路上默默前行。一个美国记者闻讯赶来，向一个坐在路边石阶上的妇人打听居里夫妇的下落。那妇人一边设法把凉鞋里的沙子抖掉，一边轻轻抬起头来，用那灰色的眼睛注视着眼前这个人。她不出所料地看到了这个小伙子惊讶的表情。因为他眼前的这张脸已经无数次地出现在各大报纸之上，她就是赫赫有名的居里夫人！玛丽简而又简地回答了记者的提问：皮埃尔·居里和她发现了镭，他们正在继续实验，等等。当记者兴奋无比地捧着笔记本准备挖掘出关于这位伟人更多的素材时，玛丽只用一句话——一句她常常当做箴言的话，一句比一部书更能表示她性格、生活和使命的话——结束了这次会谈：

“在科学上，我们应该注意事，不应该注意人。”

痛失爱侣

在庆祝获奖的喧闹声中，居里夫妇的钱比以前多了，但是快乐的时光比以前少了。值得欣慰的事也有几件：一是1904年12月6日，居里夫妇的第二个女儿艾芙出生了；二是皮埃尔终于获得了巴黎大学为他所设的一个物理学教席，成为索尔本的教授，继而又被选为科学院院士。相应地，巴黎大学决定给皮埃尔创设实验室。不过，很快他们就明白了：没有现成的实验室供他们使用，而是拨款5万法郎，在居维埃路新修两间屋子。其实，在修建了两间小小的屋子之后，款项已经所剩无几，完全不够添齐所需的设备。在大学所有的决定中，只有一个真正给居里夫妇带来了快乐。皮埃尔从此可以有三个合作者：一个实验室主任、一个助手、一个工人。而这个“实验室主任”就是玛丽。在这之前，尽管玛丽辛辛苦苦完成了关于镭的重要研究，却一直处于既没有名义也没有报酬的境遇。直到今天，才正式容许这位学者在实验室里工作，给了她固定的职位和薪金——一年2400法郎。这一切多么来之不易！告别了，棚屋!

其实,皮埃尔和玛丽的身体状况都很糟糕,尤其是皮埃尔。身体上的病痛给皮埃尔带来一种巨大的威胁,时间的流逝令他常常感到莫名的不安。他有了不祥的预感:难道自己时日无多了吗?皮埃尔在这样的怀疑和担忧中,不自觉地加快了研究的节奏。他似乎在与谁进行着比赛,要让自己利用每一刻时间,在实验室里多待上几个小时。

事实竟然残酷地应验了!

1906 年 4 月 19 日是个黑色的日子。那是一个星期四,天空显得十分的阴郁,从早上起就一直飘着雨,使人的心情也容易变得郁闷不堪。

皮埃尔的备忘录上在这个日期下记录得密密麻麻,显然,今天又将是他十分忙碌的一天,忙得甚至没有时间在早上出门前和正在楼上照顾孩子的玛丽打个照面,只是在楼下喊了一声,询问玛丽今天是否要到实验室去,就匆匆出门去了。其实,他根本就没有听清楚玛丽的回答。走到门口,他望了一眼满天的雨云,皱了皱眉,打开他的大伞,在雨中向他的目的地走去。塞纳区的多非纳路上拥挤不堪,马车夫的喊声、电车发出的刺耳响声、马蹄声、车轮声使这条狭窄的道路一片嘈杂。皮埃尔本来就讨厌喧闹,他竭力躲避,想要找到人少的地方行走，脑子里还不时地默想着事情，眼神专注，脸色凝重。他心不在焉地突然想要穿过马路，走到对面的人行道上去。此时，一辆马车飞奔而至，皮埃尔已经无法躲闪，几乎能够感受到牲口鼻中喷出的热气。旋即，他的脚在泥泞的雨水中一滑，跌倒在两匹马的铁蹄之间，前轮在他身体两侧轰然而过，可是载着 6 吨货物的庞大车箱惯性太大向前滑去，后轮无情地从皮埃尔的头上碾了过去。周围一片惊惧的喊叫之声……

这一切来得如此突然。死神如果知道他带走的是怎样一个杰出的人，知道带走这样一个人会给活着的另一位同样杰出的人留下怎样的绝望与悲痛，脚步是不是会变得迟疑些？可是，这样的假设是不存在的。

索尔本大学理学院的院长保罗奉命通知玛丽。玛丽此时还毫不知情地在实验室里忙碌着，没有回家。空气似乎要凝固了一般，保罗实在难以启齿。皮埃尔的父亲——身材高大的居里大夫听着他叙述这件不幸的事，枯皱悲戚的脸上不禁老泪纵横，却仍旧像往常一样责怪着自己的儿子太不小心，一个劲儿地反复说着一句话："他当时在想些什么呢？"

6 点钟，大门的锁孔里传来了钥匙转动的声音，玛丽出现在客厅里，愉快而活泼，看来今天的实验一切顺利。不过，她很快感受到一种异样的氛围，甚至觉察到可怕的令人窒息的沉痛……

“出什么事了?”玛丽敛住脸上的笑容，问道。

保罗重述了事情的详细经过，玛丽呆住了，院长的声音再也无法进入她的耳朵，她的脑中一片空白，身体僵直。她没有倒入任何一只亲切伸出的手臂中，就那么站着，因为她最可以依靠的人走了。她没有哭泣，没有呻吟，杳无生气，像个木头人。接下来是很长时间可怕的寂静。玛丽的嘴唇终于动了动，挤出几个字来：“皮埃尔……死了？……真的死了?”她多么渴望得到否定的回答，哪怕是受了伤，哪怕是受了很严重的伤，只要皮埃尔还活着！可是，她没有听到她想要的回答，只能看见保罗轻轻地点了点头。

玛丽拒绝了法律调查的最后程序——尸体剖验，要求将皮埃尔的遗体运回家中。她依然井井有条，妥善安顿了两个孩子，向华沙发了电报。然后，就一言不发地坐在他们夫妇最爱的小花园里默默地等待皮埃尔的到来。

晚上 8 点，皮埃尔回来了。他躺在担架上，在昏暗的灯光下面色平静和蔼。玛丽望着这张熟悉的面庞，俯下身去轻轻地吻他的脸，吻他那差不多还有热气的柔软的身体，吻他那还可以屈伸的手。此时，她那收紧的喉咙才松弛了，眼泪的闸门一下子打开，失声痛哭起来……

接下来的日子，玛丽完全陷入孤独悲寂之中，她无法向人倾诉，只能在她的笔记本上颤抖着写出那些令人心痛窒息的感受。在这几页上，到处涂改，渍满泪痕，向她的爱人——她亲爱的皮埃尔作最后的告别：

……我们在星期六早晨装殓了你，抬你进棺木的时候，我捧着你的头，最后一次吻了你那冰冷的脸。我在棺木里放了一些我们花园里的长春花，还放了一张我的相片，就是你叫做“很聪明的小学生”而且很喜欢的那一张。让这张相片来陪伴你吧！因为相片上的那个女子以能使你喜欢她而感到幸福，你虽然只见过她几次，却毫不迟疑的请求她与你共同生活。你常对我说，你一生中只这一次做事没有迟疑，完全自信做得对。我的皮埃尔，我也相信你没有做错，我们生来就须一起生活，我们必须结合！

你的棺木已经盖上了，我再也看不见你了。我没有允许他们用那可怕的黑布罩上它，我用花把它盖起来，并且坐在你的身边。

我们把你送回梭镇，你的家乡，也是我们结婚、有着美好记忆的地方，安葬在你母亲的旁边。我拒绝了官方仪式，拒绝了送葬队伍、代表、演说，仪式是最简单的。我想这是你最喜欢的。我没有听从他们的劝告，提前离开，我要看着一切安顿完毕。皮埃尔，现在，你在地下长眠了，而一切，一切，一切都完了……

继续未竟的事业

皮埃尔离去了，世界失去了一位伟大的人物。他的离去惊动了舆论，各国报纸都连篇累牍、哀婉动人地报道了这一不幸事件。无数的函电被送到玛丽手中，有国王、部长、诗人、学者和更多不知名的人。国内的、国外的科学团体纷纷颂扬这个匆匆离去的学者。

皮埃尔葬礼的第二天，政府就提议给他的遗孀和遗孤一笔国家抚恤金，可是玛丽婉言谢绝了："我不需要抚恤金，我还年轻，能挣钱维持我和我的女儿们的生活。"玛丽惯有的勇气并没有随着皮埃尔一同离去，她依然坚定而倔强。

还有一个十分现实的问题：皮埃尔留下的研究工作如何进行？他在索尔本大学的教职怎么办？玛丽的前途又会如何？玛丽此时还未能从悲哀中摆脱出来，还不能考虑和决定。皮埃尔的哥哥雅克、好友乔治坚定地认为：玛丽是唯一能够继续皮埃尔和他已经承担的工作的法国物理学家，玛丽是唯一够得上担当皮埃尔继任者的教师，玛丽是唯一能代替皮埃尔领导实验室的人。大学和政府必须打破传统，任命居里夫人——一位女性为索尔本的教授！

经过理学院的院长保罗、索尔本大学的副校长李亚尔等人的力荐，当局终于采取了开明而慷慨的行动。1906 年 5 月 13 日，理学院会议一致决定保留为皮埃尔·居里设的教席，并且把这个职位以“代课教师”的名义给予玛丽·居里。

这是法国的最高教职第一次给了一位女性。玛丽对这个具有划时代性质的大事件表现得十分平淡，甚至有些心不在焉。她只有几个字回答：“我试试吧！” 此时，她并没有什么复杂的想法，在她的脑海中不断盘旋着的是皮埃尔生前说过的一番话：“无论发生什么事，一个人即使成了没有灵魂的躯体，还应该照常工作。”这，就是皮埃尔为她指引的正确道路。

陪伴她的亲人陆续离去了，姐姐布罗妮雅不久也将离开。一天晚上，玛丽把布罗妮雅带到自己的卧室。布罗妮雅吃了一惊——现在正值炎夏，屋里却生着很旺的炉火。玛丽锁上了房门，一语不发，默默地从柜子里拿出一大包被防水纸包裹着的东西，在火堆前坐了下来：“布罗妮雅，我需要你的帮助！我不忍心让无关的人碰这些东西。”包裹着的纸被层层打开了，布罗妮雅吓得几乎叫出声来——里面是一堆可怕的衣服、衬衣，沾满了干了的泥、黑了的血——这么多日子以来，玛丽一直把皮埃尔在车祸那天穿的衣服留在身边！

玛丽拿起剪刀，将那件黑色的外衣剪成碎块，扔到火里，看着它们在熊熊火焰的舔舐中皱缩、冒烟、焚化、消失……忽然，她停了下来，泪水夺眶而出，模糊了双眼。玛丽抚摸着衣物，毫不介意它散发出的腐败味道，不顾一切地吻着它。布罗妮雅把衣服和剪子夺了过去，开始替她剪碎再投入火堆，直到全部燃尽，包括包裹的纸，所有的。

这似乎是一个最后的仪式，神圣的告别！她的心中已经有了决定，今年夏天，她要留居巴黎，在实验室工作，并且准备于11 月开始的教学工作。她在索尔本工作，必须得够得上皮埃尔授课的水平。玛丽认真地查阅了皮埃尔留下的所有笔记。她终于又能够潜心于研究当中了。

1906 年 11 月 5 日，第一次上课的日子到了。玛丽来到皮埃尔的墓前，低声地和自己亲爱的人说着话。而在索尔本的那个 120 座位的阶梯教室里已经坐满了人，人们站满了理学院的走廊，有的甚至因为挤不进教学楼而站到了索尔本大学的广场上！尽管这些人并不全是求知的学生，他们中间夹杂着记者甚至无关的人，大家抱着不同的动机，都想来亲眼见证索尔本历史上第一次由一位女性授课的情形。大家都在猜想着这位妇人各种可能的开场白:要向大学致谢?要缅怀皮埃尔·居里吗?哦,也许这是必然的,当然是得称颂一下前任,更何况那是她的爱人、她亲密的工作伙伴,也许,她会有很多话要说吧!完全可以变成引人入胜的新闻报道!

下午1点30分,教室的门开了,居里夫人在众人热烈的掌声中走到讲台前。她只是微微地点了一下头,一个尽显冷淡的动作算是向大家行了礼、打了招呼。然后,她站在那里,两手用力撑着宽大的放满实验仪器的讲桌,耐心地等着掌声停止。掌声突然停了下来,教室一下子变得十分安静。这种庄重的气氛让其中一些来看热闹的人觉得十分别扭,不得不跟着静默下来。

玛丽直视前方,开始了所有人企盼的开场白:“纵观近10年来物理学的进步,人们对于我们的电气和物质方面的思想进展表示惊异……”

这是皮埃尔在他的最后一节课上说的最后一段话,玛丽正是从这一段讲起。这句话尽管听起来没有任何特别,甚至有些冷冰冰的,但是知情的学生们的眼中立刻噙满了泪水,流上了面颊。这里面有多么深沉的哀痛啊!

玛丽以与皮埃尔一样坚定而单调的声音讲完了一整堂

课。她讲到了电气结构、原子蜕变、放射物质的新学说。看不出她与男性教授有何区别，她毫不畏缩地做完了对女性来说显得十分枯燥的说明和讲解，由来时的门退了出去，像进来的时候一样快。

无尽的攀登

- 荣誉就像玩具，只能玩玩而已，绝不能永远守着它，否则就将一事无成。
- 为公众幸福工作的人，不论在哪个部门，都不能被国界所界断，他们的劳动成果并不只属于一个国家，而是属于整个人类。

特殊的教育

玛丽与皮埃尔共同工作的时候所获得的巨大成就，已经足以让所有人钦佩。可如今，失去了皮埃尔·居里重要而杰出的精神支持，玛丽必须以巨大的勇气将他们共同的研究继续下去：出色地承担一个教授的职务，指示和教导皮埃尔的助手和学生。对于家庭，失去了皮埃尔，她还必须独自担负起一个重要的使命：抚养和教育两个孩子，使他们成为同样出色的人。

玛丽要给她的女儿们一个健康的生活环境。她在梭镇租了一所带有美丽花园的住房。在这里，伊蕾娜有了一小片属于自己的土地，完全自主地决定栽种些什么，这使她快乐极了。艾芙则由保姆照看着，在草地上、草丛里奔跑，寻找她喜欢的乌龟，追赶躲避的黑猫。为了这样的安排，玛丽付出的代价是额外的疲劳：每天须从梭镇的住处乘半小时的火车才能赶到实验室。每天清晨，人们都能看见这位身着重孝的妇人匆匆的身影出现在火车站台上。她把悲痛深深埋在心底，从不在人前哭泣。

皮埃尔的父亲居里大夫一直和玛丽一家生活在一起。他是玛丽最可贵的同盟。这位蓝眼睛的老人虽然遭受了巨大的打击,但是他坚定地秉承理性主义,轻视那些无益的悔恨,也从不去墓地。这位乐观的老人在丧子之后努力过正常的生活,努力说话,努力欢笑。这无疑给玛丽和孩子们带来了莫大的安慰和鼓励。在玛丽忙于工作的时候,居里大夫就成为孩子们的游戏伴侣和启蒙老师。他教授伊蕾娜博物学和植物学,把他对维克多·雨果的热爱传递给孩子,并给她写一些滑稽有趣又颇富教育意义的短信。居里大夫一直致力于用明确的方式引导伊蕾娜的智力活动,直至 1910 年因病去世。

玛丽对于孩子的教育有着自己的意见,并要求照看孩子的保姆遵照执行。

孩子们每天先做一个小时的智力工作或体力劳动,玛丽总是设法使这些工作能够引起孩子们的兴趣。她尽管工作繁忙,但仍然十分关切地注意启发孩子们的天赋才能,并用一本灰色的笔记本详细地记录下了伊蕾娜在数学上的进步以及艾芙在音乐方面的卓越禀赋。

体育活动必不可少。每天功课一完,孩子们就被带到室外,无论天气如何,她们总是要进行长距离的步行和一些体育活动。玛丽请人在花园里搭了一个横架,上面悬了一根吊杆、一副吊环和一根滑绳。除此之外,伊雷娜和艾芙还报名参加了体操学校,常常因为在器械体操方面的出色表现而拿回各种奖项。为了使她们得到更为全面的锻炼与开发,玛丽教授她们园艺、雕塑、烹调和缝纫等各种技艺。无论自己多么疲倦,玛丽都要陪伴孩子们骑车出游。到了夏天,就和孩子们一起下水,指导她们游泳。

玛丽总是不放过任何磨炼孩子们的机会。利用假期,去山中旅行,让孩子们学着骑马。她不主张冒险,但要求孩子们胆子大一些:要求伊蕾娜和艾芙不怕黑暗,不要在大雷雨的时候把头藏到枕头底下,不要怕贼,也不要怕流行病。孩子们早在十一二岁时就可以单独出门,甚至在不久后,就能无人陪伴独自旅行。

玛丽关心孩子在道德方面的发展与健全。她竭力防止孩子们感觉过于敏锐或陷于忧伤的空想。她决不在孩子面前悲哀地回忆皮埃尔,也不让孩子们对皮埃尔抱有无上的崇拜。她要她们明确自己是法国人,但是又教会她们说波兰语,了解波兰的历史,热爱波兰。

玛丽没有让孩子们接受洗礼,也没有给她们宗教教育。她认为不能把连自己都不相信的信条教导给孩子,尤其担心她们有一天像自己一样在失去信仰时倍感苦恼。但是,她绝不是强迫孩子们信或不信。她反复对自己的女儿们说,如果以后她们愿意信奉宗教,完全任她们自由。

玛丽不会让孩子像自己一样童年不幸,但也不会让她们沉溺于奢侈的生活。虽然有很多次机会,但是她都拒绝为孩子取得大笔的财产。她漠视财富的观念与作为必然深深影响着她的女儿们。当皮埃尔离去后,皮埃尔和她亲手提取的一克镭就成为她的私人财产。但是,面对这价值超过 100 万金法郎的一克贵重之物,她完全不肯听从任何人的意见,毅然决定把它全部捐给了实验室。对她来说,贫寒固然带来了许多不便,可是,过于富有也是令她厌恶的事。她要女儿们健康成长、健全发展,将来自谋生活,这对于一个正常人是既合理又自然的事情。

对于孩子们的学校教育,玛丽采取了一个特别的做法。这位学者从自己、皮埃尔的成长经历和她所见的学校教育里得出结论:学校使孩子们过于操劳,违背了儿童成长的天性与规律。在他们应该活动和跑跳的年龄,却将她们关在教室里,是一件十分野蛮的事情。她要求孩子们学得很少,但须学得很好。她和同样身为索尔本教授的朋友们商议了一种教育合作计划。这些有着大才大智的学者们决定亲自对自己的子女们实施这种新教育方法。应该说，这是一些无比自信的人基于对儿童教育独特、深刻的认识和极为大胆的冒险——不送到了入学年龄的孩子们去学校。就这样，差不多10个左右的孩子们每天聚集在一起，聆听一节由特选教授讲的课。孩子们面对这一片视野宏大的新天地，兴奋又高兴。他们在索尔本的实验室听让·佩韩讲授化学；听保罗·郎之万讲授数学；听各位教授、大家讲授文学、历史、各种语言、自然科学、雕塑、绘画；还有，玛丽在每周四的下午，以她亲切又慈爱的方式亲自教授初步的物理学。她讲得是那样引人入胜，给孩子们留下了深刻美好的回忆。她将书本中那些抽象而又令人厌烦的现象描述和演示得极为生动：一些蘸了墨水的自行车滚珠被扔在倾斜的平面上，形成运动的轨迹；一个摆锤在烟熏过的纸上留下了有规律的摆动痕迹。在玛丽的指导下，孩子们亲手制作了温度计。当亲手为它标上刻度，发现它像正式的温度计一样灵敏好用时，这些孩子们简直骄傲极了……无形间，一个伟大的学者将自己对科学的热爱、对工作的努力和对探索的嗜好潜移默化地传递到孩子们的心间。她还要教给孩子们科学的工作方法，坚持要她的这些小学生们练习心算。她亲切地看着孩子们，和蔼地说：“你们得不断练习直到永远不出错，知道秘诀吗？就是不要算得太快!”

当时的报纸关注着这位著名学者的一举一动,自然也不会放过这个大胆的创举。一个社会新闻记者这样取笑道:“这些刚刚学会读写的孩子们,被准许操作实验,制造仪器……索尔本和居维埃路的建筑还没有被炸毁,但是颇有被炸毁的可能!”他们当然不能预见,就在这些极有可能“炸毁索尔本”的孩子们中间,就有弗朗西・佩韩、让・郎之万、伊蕾娜・居里等科学明星在冉冉升起!

多年以后,玛丽的孩子们回顾母亲给自己的早期教育时,都有这样的感受:她们完全没有因为父亲去世、母亲繁忙变得孤独悲哀,虽然没有得到完备的文学知识,但是,她们受到的科学教育是在任何学校里也无法得到的,除此之外,她们形成了受用终身的品格:爱好工作,不热衷钱财,拥有喜欢独立的本能。

成功与磨难

玛丽就像一只始终坚持自愿工作的蚕，不管其他，只是永远向着心中的目标努力。她明知道生命短促而脆弱，明知道生命了结后不能留下任何东西，知道别人的看法也许完全不同，甚至对自己的努力是否符合真理也没有十分的把握，但还是要默默努力去做。

就是这样，无论是默默无闻，还是声名显赫，也无论有无爱人的陪伴，玛丽每天的生命轨迹似乎永远不变——从家到实验室，再从实验室回到家，只是岁月已经将她的金发变得灰白。科学家的成功都是在枯燥、单调和看似无止境的艰苦工作中取得的。

玛丽被聘为索尔本大学放射学的教授，成为当时世界上第一个开设这个科目的人。为此，玛丽编写出版了长达971页的巨著以阐释这门诞生不久的学科，并谦虚和深情地将皮埃尔的相片放在了内封的第一页。在她心里，放射学永远是皮埃尔倾其一生展开的一个新时代。

玛丽的学生人数与日俱增，皮埃尔的哥哥雅克·居里的儿子莫里斯·居里是其中最优秀的学生之一。在学者安德烈·德比尔纳的协作下，玛丽离析金属镭成功。应放射疗法的需要，玛丽单独工作，发现了一种使用放射物质发出来的射线来为镭精确定量的方法，并建立了测量组，为学者、医生或普通民众服务。玛丽发表了《放射性元素分类》和《放射性常数表》，还制备了镭的第一个国际计量单位。她激动地亲手封好一个轻玻璃管，里面装着 21 毫克纯氯化镭。它被郑重地存放在巴黎附近的赛福尔国际度量衡标准局里：这就是后来遍布五大洲的计量单位的标准。

玛丽依然漠视荣誉。在继居里夫妇的荣誉之后，居里夫人的个人声誉日盛。在玛丽的抽屉里，塞满了各种各样名誉博士学位的文凭和外国科学院荣誉院士的证书。她似乎从没有想过要把它们陈列起来，作为炫耀自己的资本。和皮埃尔一样，玛丽对勋章不感兴趣，她很果断地拒绝了法国政府授予的骑士十字勋章。但是，当她想要得到一个科学家珍视的名誉——科学院院士头衔的时候，却败于顽固的“妇女不能当科学院院士”的偏见之下——以一票之差输给了竞争对手。满怀希望的同行们、助手们、学生们、机械师们甚至实验室的工人们都愤愤不平。玛丽却未作一句评论，脸色平静得像什么也没有发生一样。好在，诺贝尔奖秉承重视实绩的原则:1911 年 12 月,斯德哥尔摩科学院再次将诺贝尔化学奖授予居里夫人,以褒奖她在丈夫去世后所完成的出色工作和取得的巨大成就。在这之前的历史上,还没有人,不论男女,被认为有两次接受这种奖赏的资格。

玛丽被推上荣誉巅峰的同时,也被推上了遭受非议的风口浪尖,诽谤和攻击像狂风一样袭来。那些无聊或别有用心的人们肆意地运用恶毒的眼神关注着这个女人,用最世俗的价值标准和丰富的想象分析和揣度这个学者的一举一动,不出意料地在“寡居”“国籍”这些问题上大做文章,用严苛的态度来评价一个正在为科学殚精竭虑的人。新闻记者、匿名信、暴力的公开威胁完全扰乱了玛丽的生活,也扰乱了玛丽的内心,她比以往任何时候都更加憎恨声誉。

身心俱疲的玛丽患上了重病。1911 年 12 月,玛丽被送进了疗养院,她已经奄奄一息。经过了两个月死亡线上的挣扎,玛丽终于战胜了疾病,但是肾脏的病变已经十分严重,需要手术。玛丽强忍着发烧和肾痛,毫不诉苦,甚至坚决要求推迟手术直到参加完一个物理学会议!手术后的玛丽极度虚弱。亲戚们、朋友们都争相为她安排了一些平静之处,休养身心,也躲避侵扰。

玛丽的身体状况逐渐好转起来,到 1913 年夏天,甚至可以和女儿们一起背包旅行了。值得一提的是，同行者中还有一位赫赫有名的人物——阿尔伯特·爱因斯坦及他的儿子。多年来，玛丽和爱因斯坦这两位天才相互钦佩，发展和形成了坦白而忠实的“天才间的友谊”。旅行间，他们时而用法语，时而用德语，不断地讨论着物理学理论，就像两个普通人在谈论报纸新闻那样热烈而轻松。孩子们蹦蹦跳跳欢笑着走在前面。爱因斯坦精神焕发，向他这位优秀的同行叙述着萦绕在心头很久的一些问题，玛丽具有极为丰富的数学知识，她恐怕是极少数能够成为爱因斯坦学术知音的人之一。伊雷娜和艾芙好奇地听着那些似懂非懂的话，觉得有些惊讶。爱因斯坦专注地想着问题，脚下竟毫不在意地沿着悬崖边行走，根本没有注意到坎坷和危险。忽然，他站住了，一把抓住玛丽的手臂，大声喊着说：“夫人，你明白我想要知道的是，当一个升降梯坠入真空时，乘客们会出什么事……”在片刻的安静之后，年轻一代的孩子们才哄堂大笑起来，他们只是觉得这位大科学家的忧虑实在是动人、可笑，却一点也没有猜想出这样的“笑话”里蕴含着“相对论”的深意！

1909 年，巴斯德研究院慷慨地要给玛丽创建一个专属的实验室，这意味着玛丽可以离开索尔本。索尔本无论如何也不会答应这样一位杰出的教授从他们教职员的名单上消失！

于是，索尔本和巴斯德决定共同出资40万金法郎创设镭研究院，包括由玛丽领导的放射学研究室和由著名医生克娄德·瑞果领导的生物学和放射疗法的实验室，专门研究癌症及其治疗方法。玛丽就要真正实现皮埃尔生前的夙愿了。她付出了极大的热情，从紧张的工作中抽出时间，从居维埃路跑到后来被命名为皮埃尔·居里路的建筑工地，在那里拟定计划并与工程师们讨论方案——这位头发斑白的学者站在前沿，总能提出最前瞻的意见，她要建的是一个至少可以用上三五十年的实验室，即使在她死后也将能继续发挥功用。她要求有宽大的屋子、充分采光的大窗户、升降梯。当然，有一个条件不可忽视，那就是她和皮埃尔一直很重视的自然环境。她亲自去安排花园，热心地争取各建筑之间的每一平方米空地，甚至在地基还没有打好之前，就像鉴赏家一样选来一棵棵小树，看着它们被栽种下去，又亲手栽种蔷薇。她一边挥舞着铲子，一边对她的合作者解释说："我提前两年栽种这些树和花，这样，等我们开始启用这个实验室的时候，这些树就长大了，还会开满鲜花。"说着，她那灰色的眼睛里闪露出青春和愉快的小火花。

从此，玛丽又多了一项工作，就是每天给这些树和花浇水。当她立起身站在风里的时候，她似乎在看着那些无生气的石头和有生命的树木一起长高。

无畏的战士

一个百姓、女人、患者，一个做学问的人面对可怕的战争会如何？躲避？哭泣？绝望？恐惧？不，你完全猜错了！

1914 年 7 月末，欧洲历史上破坏性最强的战争之一——第一次世界大战爆发。8 月 3 日，德国向法国宣战。玛丽本打算一忙完手头的事，就前往布列塔尼与女儿们一同度假。但是，面对这可怕的变故，她只有一个念头：为第二祖国服务！她的同事们和实验室所有的工作者都已经应征入伍。玛丽也毅然决定加入他们的行列——她关上实验室的门，像许多勇敢地法国女子一样，去当一名白衣战士。她立刻设法取得了卫生服务机构工作的证件，并以专业的眼光提醒当局：所有前线和后方的医院差不多都没有 X 光检查设备——这种专业的设备可以在不动手术的情况下帮助医生探查人体内部，“看见”骨骼和器官，发现弹片或子弹的准确位置，大幅度提高手术的效率和准确度。在 1914 年的法国，这样的设备仅有几套，被装配在军事卫生服务机关认定的几个大机构中。玛丽敏感地意识到必须制造出大量的 X 光设备!

其实,玛丽的工作从未涉及过 X 射线,她自觉地加强相关知识的学习,在明确了自己的职责后迅速开始行动:列出巴黎所有大学,包括自己的实验室在内的所有相关仪器清单,并遍访各制造厂,集中起所有可供使用的 X 光材料,分发给巴黎各区的医院。跟随她的脚步,教授、工程师、学者纷纷发动起来,自愿加入了这项工作。但是,玛丽很快意识到,尚无设备的前方战地医院更需要他们的支援。聪明的玛丽立刻有了一个解决的方法——她用法国妇女联合会的款项创造了第一辆“X 光汽车”,用汽车发动机带动发电,供给 X 光仪用电。之后,这辆满载着智慧和勇敢的汽车巡回于炮火中的各个医院之间。

当然,一辆汽车显然是远远不够的。随着战事的发展,大批的伤员需要就地手术。前线各战地医院随时需要外科医生和放射科医生,“X 光汽车”也应随时投入工作。玛丽毫不在意官僚们的漠视和敌意,想方设法征集汽车,然后在实验室里把它们一一装备起来。加纳依侯爵夫人、穆拉公主都慷慨地捐出了自己的私人轿车。玛丽在 20 辆汽车中留了一辆雷诺汽车供她个人使用。这辆汽车像个送货的卡车,车身被漆成灰色,上面有一个醒目的红十字和一面法国国旗。

玛丽就坐在这辆车上，过起了冒险家和大队长的生活——在收到电报或电话说某医院需要设备的通知后，玛丽趁着司机加油的机会，回到家中，匆匆取上一件外套、一顶帽子和一个磨破了的黄色皮箱，跨上汽车副驾驶的位置，全速向需要她的地方开去。

一到医院，立即工作！玛丽总是十分专业和熟练地选定一间屋子，把那些装满仪器的箱子搬下车，以最快的速度打开并拼合被拆散的零件，拉开连着仪器和汽车发动机的电线，向司机发出信号，发动、调节；接着，玛丽准备好透视屏，把防护手套、眼镜、做记号用的特制铅笔、定位的垂铅等放在手边；最后，用黑色的帐幔或医院的被褥遮住窗户，做成暗室，再把洗感光片用的药水放在旁边一个临时预备的照相暗室里。所有的一切，玛丽只需半个小时就能全部准备就绪。伤员来了。开动的仪器里笼罩着神秘的光晕。玛丽熟练地调节仪器对准受伤部位，骨骼器官立刻显示出轮廓，其间的一块不透明的碎片就是子弹或弹片的所在之处了。在玛丽的指导下，外科医生们准确地绕过骨骼障碍，夹住弹片。

10 个、50 个、100 个伤员……几个小时、几天过去了！只要有病人，你就准能在暗室里看见玛丽的身影。在离开之前，她总是仔细研究一番屋里的状况，以便确定何处可以安装固定的 X 光设备。末了，她收拾起器材，坐上汽车，回巴黎去了。但是，用不了几天，她又会回来，带来一套不知费了多大的气力才得来的仪器，亲自安装起来。同来的，一定还有一位专门使用这台仪器的人。从此，这个医院就有了 X 光室，就再也不需要她了。

就这样，除了 20 辆 X 光汽车外，玛丽还装备了 200 个 X 光室。这 220 处或固定或活动的设备，都是由居里夫人亲自创设或指导的，所救伤员的总数超过 100 万之众。在这个过程中，玛丽凭借的已经远远不止是科学知识和惊人勇气，还有那总是可以设法摆脱困境的天赋能力。没有司机怎么办？等待吗？不！她自己开着那辆雷诺汽车，颠簸在极坏的路面上，时不时地要对付这个因为寒冷的天气而抛锚的家伙，还要用力压着千斤顶，给这个不听话的家伙更换车胎。如果有仪器要交给火车运输，她就亲自把这些宝贝放进行李车，再亲自把它们卸下来，打开包装仔细检查，保证不出任何差错。

这样一个在战争中拼尽全力的人，似乎很容易让我们忘记她自己还是个病人。这样一个和平时期的伟大学者，也从不要求任何人对她有任何的特别优待。她总是忘了吃饭，也从不挑剔睡觉的地方——护士的小屋、露天搭的帐篷，甚至遭遇了意外事故——连人带车一起翻到沟里，被压在装满仪器的箱子中间，也悄悄地，没吭一声，以至于家人还是在报纸上看到了这个令人担忧的消息。

这个从前在小阁楼里忍受饥寒的女学生，这个喜欢与爱人一起去野外风餐露宿的女人，在战争中毫不费力地变成了一位无畏的战士！

财富

正如玛丽所预料的，战争是长期的。谁都能想象到巴黎被包围、被轰炸甚至被占领的可怕结果，但是，玛丽在冷静地考虑之后，决定：无论如何，她都要留在巴黎。这里有她的实验室，有居维埃路的精密仪器，有皮埃尔·居里路的镭研究院新建筑，保护它们是她的职责，决不能放任得胜的敌人走进无人照料的居里实验室而自鸣得意、任意妄为。最令她放心不下的，还有一件宝贝——她赠送给实验室的那一克镭。她不愿意把它们交给任何人，更不能允许它们轻易地落入敌人的手中，她要亲自冒着危险把它们送到安全的地方——波尔多去。

玛丽带着这些宝贝，被拥挤的人群裹挟着，坐上了一列火车。她好不容易找到了一个座位，能让她把沉重的行囊放下——别看只有一克镭，但是由于它们具有的特殊的性质，不得不被分装在许多试管里，然后再装在沉重的铅皮匣子里。玛丽不在意身旁到处充斥的恐慌的谈话与悲观的叹息声，目不转睛地凝视着窗外阳光普照的田野，尽管那里也是一片失败的气象。法国人大批地逃往波尔多，搬运工、出租车、旅馆的房间都变得珍稀起来。火车到达的时候，天已经完全黑了下来。玛丽无助地站在车站的广场上，守着那个价值 100 万法郎的匣子。人群拥挤，来来往往的人撞着她。幸亏，一个职员认出了她，并帮助她找到了一个私人住宅的房间。第二天一早，玛丽就把那笨重的宝物小心地存放到一家银行的保险库里。事情一办妥，她就匆匆踏上了返回巴黎的行程——挤上了一辆运兵车。这辆车十分缓慢地行驶着，常常一停就是几个小时。一个战士拿出背包里的面包送给了这趟车里唯一的一个“平民”。玛丽欣然接受了。因为从前一天离开实验室起，她就没有工夫吃点东西。现在，她实在是饿极了……1915 年，玛丽把她小心储备的镭由波尔多运回法国，供国家使用——发挥镭的医疗价值。她每星期把在实验室中加工的镭射气装在试管里，送到医院，用以治疗恶性伤痕和各种皮肤病。

X 光汽车、X 光设备、镭射气……这还不够，玛丽要连同自己也一起彻底地献给她的第二祖国。玛丽为法国的安危殚精竭虑——开战不久，她就富有远见地开始为缺乏操作 X 光设备的专门人才而忧虑，她建议政府开办并常设放射科训练班。不久，20 个人聚集在镭研究院开始学习相关的初步课程，并由玛丽亲自任教。此时的伊蕾娜也已经成长为技术中坚，帮助母亲承担培训任务。从 1916 年到 1918 年，玛丽共训练了 150 个放射科护士。此外，作为法国盟邦的比利时、意大利，甚至美国都求助于玛丽进行相关的培训和指导。

伊蕾娜紧紧跟随着母亲的步伐，被母亲的精神深深感染着。在她眼中，母亲在 4 年中从未抱怨自己所遭受的困苦和危险，也从未表现出无限的疲乏，不提及她所冒的出生入死的危险，更没有恐惧 X 射线和镭射气对于她那羸弱身体的残酷影响，母亲总是只显示出一种无忧无虑甚至于称得上是愉快的脸色。而尤其使伊蕾娜印象深刻的是母亲与她的一段关于私人财产的谈话。

那是在战争开始不久的几个月里，玛丽对伊蕾娜说："政府要求个人捐助金子，并且不久就要发行公债。我想把我所有的一点金子献出去，加上我的那些对我毫无用处的金质科学奖章。还有一件事，纯粹是因为懒惰，我把第二次诺贝尔奖金还留在斯德哥尔摩，还是瑞典币。这是我们财产的主要部分。我要把它提回来买成战争公债，因为国家需要它。我没有什么妄想，这笔钱多半是会丢掉的，因此除非你赞成这样办，否则我决不做'蠢事'。"

此后，瑞典币被兑换成法郎，接着就变成了公债、"国民捐款”“自动捐献”……最终，正如玛丽所预料的那样，战争使孩子们破了产。一家人不得不靠玛丽在索尔本1.2万法郎的年薪生活。

伊蕾娜理解母亲，她不能阻止母亲捐出所有，包括金钱、体力甚至健康。因为她了解，她、艾芙以及所有钦佩她母亲的人们，从居里夫人身上获得的将是更为可观的、无法计算的巨大精神财富！

一克镭

这是一次闻名世界的对话。

1920 年 5 月的一个清晨，一位名叫威廉·布朗·麦隆内的美国人走进了镭研究院狭小的会客室。她貌不惊人，看上去矮小又虚弱，甚至有些微跛。她的头发灰白，苍白美丽的脸上有一双富有诗意的黑色眼睛。几乎没人看得出她是一位著名的实业家，还是一位大记者。她有些不安地询问端茶进来的人，居里夫人是否忘记了与她的约会。这是一次她等待了多年、经过了多次请求的约会。她郑重地请一位物理学家向居里夫人转交自己的信件，诚恳地说："20 多年来，在我的眼睛里，您是很重要的，夫人，我想见您几分钟。"

第二天，玛丽在实验室里接见了她。

可当这个世界著名的科学家穿着一件很旧的黑色衣服推门进来的时候，麦隆内夫人不知自己为何如此惶恐。作为一个从业逾 20 年的资深记者，竟一下子想不出要如何发问，只能力图说明美国妇女对居里夫人及她的工作是如何地感兴趣。

玛丽一下子看出了对方的拘谨，于是，就自然地谈起了美国和镭：“美国约有 50 克镭，4 克在巴尔迪摩，6 克在丹佛，7 克在纽约……”

顺着玛丽的思路，麦隆内夫人问道：“法国有多少呢？”

“哦，我的实验室只有一克镭。”玛丽轻松地说。

“您只有一克吗？”麦隆内夫人听到这位镭的发现者的回答后，显然觉得有些不可思议。

“啊！不是我，我一点也没有！这一克镭属于我的实验室。”

麦隆内夫人有些愕然，于是，她顺理成章地谈到了专利。是的，当初如果玛丽和皮埃尔申请了专利，那么，由这项专利所得的早就应该使居里夫人变成巨富了。

可玛丽却十分平静地说：“没有人，没有人应该因为镭而致富。镭是一种元素，它是属于全世界的。”这是玛丽毕生坚持的信条。

面对如此平静的回答，麦隆内夫人却难以平静。她一时冲动，突然十分好奇这个丝毫不为财富所动的学者究竟对什么感兴趣：“夫人，若是世上所有的东西任您选择，您最愿意要什么？”

玛丽并没有表现出什么特别的表情，她柔和地回答：“我需要一克镭，以便继续我的研究，但是，我买不起。镭的价格太贵了。”

发现镭的人却买不起镭！这是一个讽刺吗？不，这的确是一个事实。这个事实深深触动了这位见识颇丰的夫人。她内心里一个伟大的计划正在形成：她要努力争取她的同胞们赠送给居里夫人一克镭！

麦隆内夫人几经努力终于获得了全美妇女的支持——她在这个新大陆的每一个城市中发起的筹募玛丽·居里基金的全国性活动获得了成功。不到一年的时间，她就激动地给居里夫人写了一封短信，告知：“款已凑足，镭是你的了！”全美的妇女慷慨地援助了居里夫人，但是，作为交换条件，她们向玛丽发出了难以拒绝的邀请：“您为什么不来看看我们？我们真诚地愿意认识您。”玛丽虽然犹豫不决——她始终无法克服怕见人群的恐惧，但是，最终还是盛情难却，不得不在54 岁的年纪进行平生第一次重大的正式旅行，并承担这次旅行附带的种种义务。

于是，1921 年的 5 月，在两个女儿的陪同下，玛丽登上了奥林匹克号轮船，开始了美国之行。

伟大的居里夫人受到了超乎她想象的热烈欢迎。居里夫人一生都力求过一种平凡的生活。她长期的努力在法国获得了一定的成功——玛丽已经慢慢使她的同胞们相信，学者并非要人，不需要时时受到关注。其实，她的女儿们也已经这么认为了。可是，这次美国之行使伊蕾娜和艾芙突然发现，一直和她们住在一起的这个自求隐退的妇人，在大洋彼岸、在全世界人的眼中究竟代表着什么。

尽管麦隆内夫人已经尽力照顾居里夫人的感受，但是，劳累的旅行、热情的人群依然使玛丽不堪重负，几次中断旅程。甚至，有一个狂热的崇拜者在和她握手的时候，用力太猛，竟然把玛丽的手给握伤了，致使这个学者因为荣誉而不幸受伤。

重大的日子到了！5 月20 日，杰出人士云集白宫，美国总统哈定将亲手把一克镭赠予居里夫人。白宫的大厅里挤满了外交人员、政府高官、陆海军和大学的代表。一个装着“仿制镭”的匣子放在东厅中央的一张桌子上——真正的镭当然不适合拿到这样的场合来，它们正安全地躺在制镭工厂的铅匣里。

4 点钟，大厅那气派的双扇门被打开了，一列人依次走了进来：先是法国驻美大使挽着哈定总统夫人，紧接着是哈定总统挽着居里夫人，再接着是麦隆内夫人、伊蕾娜、艾芙和“玛丽 · 居里委员会”的女士们。

哈定总统热情致辞,称赞居里夫人是一个“高尚的人,忠诚的妻子,慈爱的母亲”,是一个“除了极艰辛地工作之外,还尽到了妇女全部天职”的伟大女性。最后,他把一卷用三色丝带捆扎的文件交给了玛丽,并把一个用水文绸带系着的极小的金钥匙郑重地挂在了玛丽的脖子上,这就是那个铅匣的钥匙。通过这样一个动人的场面,人们完全有理由认为“镭的发现者接受了她的美国朋友赠送的无价之宝”!可是,知道真相的人们一定会大为惊异!因为这一克镭早在总统赠给她之前,就已经被她放弃了。

在举行仪式的前一天,麦隆内夫人把赠予的文件拿给玛丽审阅。她仔细审阅过后从容地说:“这个文件必须修改。美国赠给我的一克镭,应该永远属于科学;只要我活着,我只会把它用于科学研究。但是假如不加修改,在我死后,这一克镭就将变为我的私人财产,成为我女儿们的产业。这是不行的!我希望把它赠给我的实验室。能不能找一个律师过来?”

麦隆内夫人觉得有些为难,但她还是尊重玛丽的意见:“但是……那好吧!既然您坚持这样,我们就在下个星期办理正式手续。”

“不,不能等到下星期,不要等到明天,就在今晚办妥吧!

这个赠予证书要马上生效，说不准我在几个小时里就会死去。”玛丽坚定地说。

于是，麦隆内夫人不得不连夜费了很大的劲找来一位律师，和玛丽共同草拟了附属证书。玛丽满意地签下了字。

最后一个奇迹

玛丽不知疲倦地奋斗着,在成果累累的灿烂岁月里消耗着有限的生命。

1920年,玛丽突然觉得自己衰老了——像许多老人一样,眼睛和耳朵成了她最大的烦恼。耳朵里不断有一种“嗡嗡”的声音。眼睛更为衰弱,眼前始终笼罩着一团越聚越浓的白雾,无论如何也挥散不去。这已经严重影响了玛丽的工作。她不得不求助医生,得到的是一个不幸的消息:她的眼睛里出现了双层白内障,最终会导致她完全失明!得知这个消息后,玛丽掩饰住自己的失望和焦虑,立刻与女儿们商量治疗与手术——她不想浪费时间。

但是,除了一些必须知道秘密的人,玛丽不想让这个消息传出去,否则,又会在公众间引起麻烦的议论和额外的关注。于是,她的医生也成了这场戏的合作者。诊所的病历上赫然写着“加瑞夫人”,而非“居里夫人”。在公共场合下,玛丽必须尽力掩饰自己即将失明的状态。如果她要经过一条街或上一段楼梯,她的女儿就赶忙上前扶着她的手臂走,前面遇到障碍物或危险,就轻轻地捏一下她的手示意提醒。在餐桌上,则是随时准备在她的脸上读取意愿,猜想她是想要盐瓶或是其他东西,然后放在她触手可及的地方……

可是,在实验室里该怎么办呢? 这实在太困难了。艾芙建议干脆直接和实验室的人说明,请他们给予合作,替她使用显微镜或者量具。玛丽不以为然地拒绝了:"用不着叫任何人知道我的眼睛坏了。"为此,她发明了一种"盲人技术"来应付那些细致的工作。她使用倍数很大的放大镜,用醒目的颜色在仪器的标度盘上做上标记,用极大的字写出教案笔记,这些十分有效的"技术"让她在昏暗的梯形教室里也能辨认出所写的东西。玛丽还不得不想出一些新的计策来掩饰自己的毛病。当然,无论她如何预防,也无论她如何用心,实验室里那些细心的助手和学生还是猜到了事实的真相,然而,他们深深了解和体谅这位可敬的教授,大家心照不宣,将这场戏演得十分逼真。

1923 年 7 月,终于到了条件具备的时候,玛丽接受了白内障摘除手术。天气十分炎热,玛丽手术伤口很大,缠着厚厚的绷带,汗水不停地流下来。艾芙用小勺一点点给这位"加瑞夫人"喂水。伤口出现了出血症状,要在短期内恢复,几乎是不可能的事。病情的发展比想象得更为复杂,7 年中，玛丽又做了第 2 次、第 3 次、第 4 次手术。但是，时间并没有降低玛丽复明的热望，她迫切地需要继续工作！她迫不及待！

刚刚揭开纱布，玛丽就投入了艰苦的康复练习，练习使用她那摘除了晶状体的、再也不能进行任何调节的不正常的眼睛。她强迫自己养成走路不戴眼镜的习惯，甚至常常去崎岖的山路上进行锻炼。似乎任何困难也难不倒她，很快，她就能够在山路上快步行走了。但是，对玛丽最有影响的还是重影，这往往使她认不出对面走过来的究竟是谁。为了尽快投入要求甚高的精细的实验工作，她开始练习读书写字……

就这样，玛丽又一次战胜了厄运。经过艰苦的练习和适应，她借助很厚的眼镜，竟然可以差不多恢复正常的视力了！她毫无顾虑、大胆地独自出门，甚至自己开车，最重要的是，她又能在实验室里做精密测量和实验了。玛丽成功地从黑暗中走了出来，得到了工作必需的光明，她要一直工作到死亡！她在给姐姐布罗妮雅的信中揭秘了自己成功的秘诀："我不知道，我是否能离开实验室过日子……"是的，工作就是她的生命，她的全部。

然而，这是玛丽·居里在她的神奇生活里创造的最后一个奇迹。

祖国

在人们眼中,玛丽·居里是一位伟大的法国科学家。但是,玛丽一刻也不曾忘记可爱的祖国——波兰,哪怕她曾在版图上消失。

在玛丽看来,第一次世界大战的结束不是一个胜利,而是两个伟大的胜利。波兰从战争的废墟和灰烬中再生了。她整整度过了一个半世纪艰难屈辱的奴隶生活,现在,终于恢复了独立！这让我们曾经的斯可罗多夫斯卡小姐怎能不心潮澎湃？她想起自己饱受压迫的童年和痛苦挣扎的青年。她想起了自己小小年纪就不得不学会与沙皇的督学周旋;在华沙简陋的住房里,她与“流动大学”的同志秘密聚会,冒着风险教工人、农民们读书……她所做的一切都没有白费心力。为了祖国,为了她的“爱国梦”,在许多年前她一心要回到祖国去,几乎要与她的事业擦肩而过,也差一点牺牲了与皮埃尔的爱情。作为“在奴役中出生,在枷锁下长大”的波兰人,她没有想到自己在有生之年甚至自己的子女们在有生之年,能看到祖国的复兴。如今,这个梦想变成了现实！祖国为了实现这种幸福付出了极大的代价，现在，她一定要为祖国——波兰做些什么！玛丽心中有了一个伟大的计划：她要在华沙创设一个镭研究院，作为科学研究和癌症治疗的中心。

事情并没有想象的那么简单。战后的波兰百废待兴，所有的东西都极度匮乏：缺乏财力，缺乏专门人才。而玛丽羸弱的身体已经不允许她再为此到处游说奔波了。她立刻想到了一个极其合适的人选。是的，在波兰，在华沙，还会有谁是她一呼即应、永远的同盟？当然是布罗妮雅！

布罗妮雅虽也上了年纪、身体衰弱，但是仍像30年前那样热心而勇敢。她毫不犹豫地担当起这个重任，在整个过程中称职地扮演工程师、经理、会计……由于她的努力，不久，波兰全国范围内都贴满了募集的传单，印有居里夫人头像的邮票在邮局发行。人们争相募集款项，或者说，是在为未来的镭研究院募集砖瓦，因为若干的明信片上印着这样的题词："为建筑玛丽·斯可罗多夫斯卡·居里研究院买一块砖！"除此之外，明信片上还影印着这位学者的亲笔宣言："我最热烈的希望，是在华沙创设一个镭研究院。"这个活动获得了波兰政府、华沙市和波兰各重要学会的慷慨支援。

砖瓦的数量在一块一块地增加……终于，1925年，玛丽回到日夜想念的华沙,亲自去为这个研究院奠基。祖国热烈欢迎玛丽,各大学、各学院、各城市都将他们最高的名誉头衔赠给了这位大科学家！这是一次凯旋之旅。玛丽百感交集,过去的回忆、未来的希望一起涌上心头。

一个晴朗的早晨,波兰共和国总统亲手砌上了研究院的第一块砖,居里夫人砌上第二块,华沙市长砌上第三块……仪式完全在一种热烈而无拘束的氛围中进行着,曾经被奴役的人们此时都在尽情呼吸着独立和自主的空气。

大家都回忆起在那个压抑的年代和玛丽的一些奇妙的缘分:总统先生赞扬离开祖国多年的居里夫人竟然还将母语说得如此流畅、地道,并感谢她在自己流亡的时候送给自己一只旅行用的小枕头;著名演员科塔宾斯基先生在舞台上为玛丽致辞,他不禁回忆起这个曾在兹窝拉为自己献过花的快乐的玛妮雅。

几年以后,镭研究院就将建成,但是,难题再次出现——玛丽和布罗妮雅几乎为此用光了自己所有的积蓄,已经无力再购买用于研究和治疗的镭。玛丽永远都不会失去勇气。她再次求助了曾经慷慨帮助过自己的美国和麦隆内夫人。麦隆内夫人对居里夫人的喜爱和崇拜绝不是一时的。她深深了解玛丽爱护华沙研究院的心绝不亚于爱护自己的实验室。于是，她再次创造了一个奇迹——募集了购买一克镭所需的款项，这是美国赠予居里夫人的第二克镭！玛丽被深深打动了。为了表示最深的谢意，她再次上船前往纽约，代表波兰向美国致谢！

1932年5月29日，玛丽·居里、布罗妮雅·德鲁斯卡和波兰国家共同的工程圆满竣工。玛丽出席了庄严隆重的华沙镭研究院揭幕仪式。布罗妮雅非凡的办事能力和审美观念使这座建筑如此宽敞和谐。

这是玛丽最后一次看见波兰，看见她出生的城市中的街道，看见维斯杜拉河……她在给艾芙的信中这样描绘到：

……河水缓慢地在宽阔的河床里蜿蜒流淌，近处是青绿色，远处因为映出天空而呈现出蓝色。多处露出水面的极可爱的沙洲在阳光下闪烁，限制住那无定的河流。沙洲边上有几条耀眼的光，显示出比较深的水流的界限。我感觉到一种不能遏制的欲望，想在这些光辉壮丽的沙滩上散步。……

使命终结

在玛丽的人生计划中始终有重要的工作急切地需要完成，但是，最终阴险的敌人还是抢到了她的前头。对一切，玛丽早有预料，她是一个科学家，她多次领教了死神的无情，大姐、母亲、皮埃尔、父亲……她知道死亡对自己也是不可避免的事情。就像皮埃尔30年前预感到死神的来临而怀着悲剧性的热情埋头工作一样，现在，轮到了玛丽。她也试图用计划、责任、工作来构筑一道坚固的壁垒，顽强地抵御敌人的进攻。但是，她十分明白，敌人的进攻不是一时的，而是延续了35年的持久作战，自己就要抵抗不住了——35年来，玛丽一直在接触镭，一直在呼吸镭射气，在4年的战争中，她还受过X光仪发出来的危险射线的辐射！

1934年5月一个晴和的下午，玛丽在实验室工作到3点半，疲乏又深情地抚摸着眼前的仪器和蒸发皿，这些都是她忠实的伴侣。然后，她轻轻地对身边的人说："我有些发烧，我先回家了！"说完，她走出实验室，来到花园。那些新栽的花正绽放着绚烂的颜色。她忽然在一棵憔悴的蔷薇花前站住了，叫她的技工：“哦，乔治，你看这棵蔷薇，你得好好照料它了！”乔治赶忙应着，请她放心，关切地劝她赶快回家休息。她听从了，转身准备上车，但就在离开之前，她又一次叮嘱说：“乔治，别忘了那棵蔷薇……”她向那棵孱弱的植物投去不安的一瞥，完成了她对实验室的最后告别。

从此，玛丽再也没能起床。医生甚至说不清玛丽究竟患了什么病。

玛丽被送进了疗养院。病床上，她依然与伊蕾娜谈论着实验室的工作，谈论刚刚完稿的著作的校对。艾芙找来了医学院最有名的教授们为玛丽诊治，他们仍然认为玛丽在良好的自然环境中有康复的可能。结果，玛丽在火车里就支持不住了，在艾芙和护士的怀中晕了过去。事实证明，再美的风景，对玛丽也无济于事了。

7 月3 日早晨，玛丽用颤抖的手拿着体温计，读出表上的度数。体温竟然奇迹般地降低了。她孩子般地笑了。艾芙告诉她这是痊愈的迹象，她一定快要好转了。玛丽望向打开的窗户，怀着动人的求生欲望，对着阳光照耀下的远山说：“太好了。治好我的不是药，而是清新的空气和美丽的景色……”

临终的时候，玛丽发出了一些痛苦的呻吟和迷惘的叹息:“我再也不能说明我的意思了……我感到很恍惚……”她甚至没有叫任何人的名字,感叹对人世的留恋或遗憾。在她非凡的头脑中,到了最后的时刻,依然闪现着她的工作:“各段的分章,都应该是一样的……我一直在想这本书……”她注视着一个茶杯,似乎看见的是她心爱的实验材料:“这是用镭做的,还是用钍做的?”医生要来给她注射,她奋力发出了最后一声微弱的喊声:“我不要。我希望不要打搅我。”她不要任何人打搅——此时,她正幸福地离开人类去和她心爱的东西在一起,她已经把一生都奉献给它们,从此将永远与它们在一起!

黑夜慢慢过去,灿烂的晨光渐渐充满了房间,倾泻在玛丽瘦削的脸颊上。这位伟人的心脏终于停止了跳动。

科学证明,居里夫人成了她和丈夫发现的放射性物质的牺牲品——因长期接受有害辐射使她最终死于再生障碍性恶性贫血。

1934 年 7 月 6 日星期五下午,居里夫人谦卑地来到了她为自己准备好的永远的住所:梭镇的墓地。早在居里大夫去世的时候,她就做了一件出人意料的事情:请人将皮埃尔的棺木从穴中移出,将墓穴扩大加深,将居里大夫的棺木放在底下,再把皮埃尔的棺木放下去,并在最上面给自己留了一个地方。现在,她终于可以躺在皮埃尔的上面,和心爱的人从此永不分离!布罗妮雅和约瑟夫向墓穴里撒下了一把从波兰带来的泥土。墓碑上又加上一行新的碑文:玛丽·居里·斯可罗多夫斯卡,1867—1934年。

一年之后,玛丽临终前完成的最后一本书正式出版,这是她留给全世界最后的财富。镭研究院图书馆收藏的诸多科学作品中又加上了这样一本巨著。灰色的封面上赫然印着:"皮埃尔·居里夫人,索尔本教授。诺贝尔物理学奖获得者。诺贝尔化学奖获得者。"书名只是一个庄严灿烂的名词:放射学。